L'ÉCONOMIE POLITIQUE

DE

L'EMPIRE

PAR

Georges DUCHÊNE

———

RECUEIL D'ARTICLES PUBLIÉS DANS *LE HAVRE*.

PRIX : 1 fr. l'exemplaire. — 80 fr. le cent.

HAVRE

IMPRIMERIE F. SANTALLIER & Cᵉ

Boulevard Impérial, 162.

—

1870

L'ÉCONOMIE POLITIQUE

DE

L'EMPIRE

— ⸗⸜⸗ —

INTRODUCTION

La presse en masse a signalé la stérilité, et parfois l'extravagance des sujets traités dans la plupart des réunions publiques de Paris. A vrai dire, à l'exception de quelques conférences sur les monopoles, les discussions se sont presque toujours égarées dans des thèses générales, où la faconde tient lieu de raisonnement. Les parleurs ordinaires, gens d'imagination, pauvres d'étude, n'aiment pas à descendre de ces hauteurs transcendantales dans les détails des réformes, où il faut faire preuve de compétence, d'expérience et de savoir. Aussi les épisodes, les digressions, les hors-d'œuvre viennent-ils dévier les études spéciales les mieux circonscrites.

Le grand mouvement économique qui se produit en province : à Rouen, Amiens, Lille, Roubaix, Tourcoing, Mulhouse, par l'initiative des protectionnistes : à Marseille, Bordeaux et dans le Midi, par les manifestes libres-échangistes ; sur tous les points, par les protestations de l'industrie contre le servage dont les grèvent les monopoles, ce mouvement, disons-nous, si l'on veut qu'il ne s'égare pas dans les thèses hyperphysiques et dans l'abstraction des théories, à l'exemple des discussions parisiennes, doit être bien précisé.

Nous nous permettons de faire cette réflexion, parce que nous voyons déjà les doctrinaires de l'économie reprendre les arguments cent fois ressassés, cent fois combattus de la vieille école dans les deux camps. Or, les questions d'aujourd'hui n'ont pas grande lumière à recevoir de ces tournois doctoraux dont s'enthousiasmait la génération de Louis-Philippe.

Notre organisation industrielle s'est transformée ; les conditions présentes sont fort différentes de celles qui les ont précédées.

Ainsi, par exemple, les professeurs viennent encore nous parler de la concurrence comme d'une loi du travail ; et à preuve, disent-ils, rien n'empêche cinquante commerçants similaires de s'établir concurremment, s'il leur convient, dans une rue qui ne compte que cinquante maisons.

Sans contredit, l'exemple présenté est irréfutable. Mais ce que ne disent ou ne voient pas les professeurs, c'est que ces cinquante marchands, concurrents entre eux, sont uniformément asservis aux monopoles :

De la Banque, pour la circulation de leur papier ;

Des chemins de fer, pour le transport de leurs produits ;

Des Docks (là où il en existe), pour le magasinage des denrées soumises au fisc ;

Des Compagnies de gaz, pour leur éclairage ;

Des Sociétés d'eau, pour le service de leurs magasins et de leur maison ;

Des notaires, pour les transactions sur immeubles ;

Des agents de change pour les mutations de titres mobiliers ;

Des avoués et des huissiers, pour les licitations ;

Des commissaires-priseurs, pour les ventes mobilières ;

Du timbre et de l'enregistrement, pour toutes les stipulations authentiques.

Nous en passons, car la nomenclature s'enchevêtrerait à l'infini. De ces monopoles, les petits sont anciens, les gigantesques sont récents.

Ainsi, les plus puissants engins du travail, ce qu'on nomme à juste titre l'outillage national, sont appropriés. La Banque de France, c'est-à-dire toute la circulation fiduciaire du pays, est monopolisée jusqu'en 1897 aux mains d'une compagnie unique. Les transports par voies ferrées sont aliénés jusqu'en 1951 et 1959 au profit des six grandes Sociétés du Nord, de l'Est, de Lyon, de l'Orléans, de l'Ouest et du Midi.

Nous sommes loin de méconnaître certaines fatalités économiques. Le chemin de fer, par exemple, ne peut pas être livré au premier venu, comme la route, où chacun a le droit de lancer à sa convenance, à son heure, sa charrette, son tombereau ou sa voiture. La force des choses nous mène aux concessions privilégiées dans de certains cas, dont celui que nous venons de citer est incontestablement le plus frappant exemple.

L'ancienne économie libérale, avec ses principes irréfragables de concurrence, ne nous avait point préparés ni équipés pour cette évolution. Aussi avons-nous commis sottises sur bévues. Au lieu de considérer les monopoles comme des services publics, exploitables à prix de revient, nous avons voulu faire de l'éclectisme.

Le gouvernement a concédé le privilége, les subventions, les garanties : service public. — Les Sociétés ont émis des actions : entreprise privée : — qui est légitime propriétaire, des Compagnies ou de l'Etat ? A qui appartient-il de régler les conditions avec le public, devenu client forcé des grandes coalitions financières, puisque l'ancien outillage a complétement été mis au rancart par le nouveau ?

Si les libertés politiques avaient laissé à chacun le droit de prendre la parole ou la plume sur ces problèmes, si les cautionnements à 100,000 fr. sous Louis-Philippe, à 50,000 fr. sous Napoléon III, n'avaient pas livré la presse exclusivement aux manieurs d'argent et aux bâcleurs d'affaires, bien des mécomptes auraient été évités. La nation et le gouvernement lui-même, artisan trop insconscient de cette œuvre de ténèbres, n'en seraient pas réduits à reconnaître que toutes les fautes possibles ont été commises, et que contre l'excès de servitude imposé au pays par le système, le mot de liquidation n'est pas trop gros.

Ce n'est qu'à l'expérimentation que le pays a saisi la profondeur du mal. Longtemps les plaintes n'ont pas dépassé les proportions d'une pétition au Sénat, enfouie des années dans les cartons, puis ensevelie définitivement dans un rapport dont le retentissement ne dépassait guère les échos du Luxembourg.

Aujourd'hui la clameur devient universelle. La campagne économique au Corps législatif en 1867 et 1868 a retenti d'un bout à l'autre du pays. Les Chambres de commerce s'émeuvent, la presse locale entasse protestations sur dénonciations d'abus ; des associations, des meetings s'organisent. Des conseillers d'Etat sont envoyés faire leur tour de France afin de recueillir les plaintes du travail. Le gouvernement lui-même, à bout de concessions et de complaisance, ne sait comment se déprendre des exigences de ces monopoles qu'il a créés.

Jamais occasion ne fut plus propice d'établir un bilan de situation et d'aviser aux moyens de briser une étreinte qui nous étouffe.

Avant que ce mouvement de revendication ne se fourvoie et n'éparpille ses forces dans des mystifications d'école et de partis, nous croyons opportun de dire sur la situation, telle que nous l'a léguée l'économie politique du 2 décembre, ce que nous en savons. Peut-être les lecteurs trouveront-ils, après cette étude, qu'au-dessus des intérêts spéciaux des protection-nistes et des libres-échangistes, il y a lieu d'organiser une ligue d'un intérêt supérieur, universel, une *ligue pour la défense des intérêts nationaux*.

Le moment nous paraît opportun, puisque la lutte recommence avec des ardeurs insolites, d'attirer l'atten-tion sur ce problème, dont on connaît à peine une des faces : l'arbitraire contre le public.

I.

Rappelons, pour commencer, l'incident suivant de la réunion des industriels à Rouen (20 octobre dernier) :

« M. DESSEAUX. — L'Empire a fait un coup d'Etat politique *(légères rumeurs)*. Si le chef de l'Etat n'avait pas confisqué tous nos droits *(nouvelles rumeurs ;*

pas de politique !), le traité de commerce ne se serait
pas fait, ou il se serait fait dans des conditions
toutes différentes. C'est une preuve du danger qu'il y
a pour une nation à abdiquer toutes ses libertés dans
les mains d'un seul homme (*rumeurs*). »

Si les murmures ont éclaté sous l'influence de
quelque préoccupation courtisanesque, ils accusent une
absence de courage civique impardonnable ; s'ils
émanent de gens convaincus que la politique et l'économie n'ont rien de commun, ils témoignent d'une
inintelligence désespérante. Ils seraient vraiment indignes d'intérêt, les manufacturiers qui trouveraient
naturel que la liberté, la dignité, la sécurité des citoyens aient été livrées à l'arbitraire de la police, et
qui se fâcheraient seulement quand l'absolutisme
touche à leurs intérêts.

C'est précisément cette insolidarité qui fait la force
et la durée du despotisme. Si les industriels enten-
dent encore séparer leurs réclamations des revendications politiques, tant pis pour eux ; ils tomberont sous
l'indifférence publique, loi naturel de toute préoccupation d'égoïsme ; et si leurs vœux sont dédaignés, il
n'y aura pas une voix pour les plaindre. Ajoutons
qu'ils succomberont sous la faiblesse de leur isole-
ment.

L'Empire, à son origine, avait justement compté
sur cette séparation entre les intérêts moraux et les
intérêts matériels. Il avait cherché son appui parmi
les gros propriétaires, les riches armateurs, les puissants usiniers, les grands agronomes, les millionnaires, en un mot, du sol, du commerce, de la fabrication, de la banque et de la commandite.

Sur les mesures de compression, la docilité de ce
monde se montra à toute épreuve. Le bail semblait

conclu sur cette base : à l'Empereur la politique, à l'aristocratie de fortune les affaires.

Mais ils furent bien naïfs, ces hommes qui sacrifiaient toutes les libertés publiques, s'ils se persuadèrent que l'absolutisme resterait circonscrit dans la diplomatie et les mesures de police. Est-ce que la politique et l'économie ne se pénètrent pas par mille points ? La guerre, c'est de la politique pure sans doute ; mais pas de guerre sans argent ; et l'emprunt, c'est un déplacement de richesse, un détournement de destination des capitaux, une perturbation dans le cours des effets et dans le taux du crédit ; c'est de l'économie sociale enfin.

Ce n'était là qu'un petit côté de la question. Les grands monopoles, à l'état d'embryon seulement sous Louis-Philippe et sous la République, rentraient tellement dans l'idée de centralisation et d'enrégimentation du 2 décembre, qu'on pouvait s'attendre à une évolution qui serait juste le contre-pied de la grande loi de concurrence, d'après laquelle le monde travaillait depuis 1789.

Les chemins de fer, à peine ébauchés, seraient livrés aux commissions banquières et militaires ; les combinaisons de la stratégie tiendraient plus de place dans la détermination des tracés que les intérêts de l'industrie et de l'agriculture.

Le traité de commerce n'était pas dans les prévisions de la politique impériale au même titre que les faits précédents. Nous verrons, au cours de cette étude, comment et dans quel intérêt l'idée en surgit à l'improviste.

Certes, les nababs du commerce et de l'industrie étaient mal venus à crier au viol, parce que leurs bénéfices se trouvaient atteints, quand ils avaient laissé

faire les déportations et les exils de décembre, quand
ils avaient applaudi aux candidatures officielles, livré
au pouvoir les libertés de presse, de réunion, d'asso-
ciation, quand ils avaient donné au budget les virements de comptes et à la police cette inqualifiable loi
de sûreté générale.

Les réglementations sur la presse sont de la politique encore. Mais on commence à peine à savoir
quelle effroyable perturbation le journalisme timbré,
cautionné, averti, soumis à l'autorisation préalable, a
jetée dans les affaires industrielles et dans la situation
des fortunes.

Tandis qu'à l'heure qu'il est, les notables fabricants
n'ont pas encore su créer un journal, chargé de dé-
fendre leurs communs intérêts, la coalition judéo-saint-
simonienne, que nous désignerons plus spécialement
au cours de cette étude, avait à sa discrétion toutes
les feuilles parisiennes. A supposer que l'élite des manufacturiers compte quelques millionnaires, qu'était-
ce que leurs fortunes devant des Compagnies tablant
sur 200 millions, comme la Banque de France, et sur
9 milliards, comme les chemins de fer. La moindre
commandite se supputait par millions, la fortune de
sept ou huit cotonniers et maîtres de forges.

La spéculation monopoleuse était donc en mesure
de mettre la main directement sur tous les organes de
la publicité, sans que le public s'en doutât. L'autorisation préalable aidait de plus à l'accaparement. Des
conservateurs se sont vu refuser l'autorisation de fonder des journaux dynastiques, parce qu'on craignait
au ministère que leur ligne économique ne contrariât
les visées du système. Enfin, les avertissements arrê-
taient court les indiscrétions.

Aussi l'épargne, trompée par le monopole de la

presse et l'unanimité des réclames inféodées, est-elle allée s'engloutir dans les Mouzaïas, les Ports de Brest, les Chemins espagnols, le Canal de l'Ebre, et cent autres entreprises fondées sur la fraude et le mensonge, comme en témoignent les cent et tant de procès financiers qui sont venus épouvanter le monde depuis quelques années par l'énormité des sinistres et des déprédations.

C'est l'absolutisme politique encore qui a permis au gouvernement de détourner les capitaux des travaux utiles, reproductifs, pour les engloutir dans les fantaisies ruineuses telles que des préfectures de 15 millions, un Louvre de 80 millions, un Opéra de 30 millions, des bois de Vincennes, de Boulogne, de Chaumont et autres inutilités qui ont absorbé, rien qu'à Paris, les deux tiers au moins des deux milliards prélevés sur l'impôt et les emprunts.

C'est la politique qui a détruit les ressources avec lesquelles nous aurions fini nos chemins vicinaux, nos canaux, nos bassins, nos ports, nos chemins de fer d'intérêt local et tout l'outillage collectif qui nous permettrait de défier la concurrence des étrangers.

N'en déplaise aux peureux du meeting industriel de Rouen, la politique et l'économie sont inséparables, et ils sont à jamais perdus s'ils séparent leurs revendications de celles, plus ardentes, plus générales, mieux senties, qui les ont précédées sur le terrain politique proprement dit. Les autonomies et les libertés sont solidaires. La preuve, c'est que pour mieux assurer son despotisme, le 2 décembre n'a trouvé qu'un moyen : celui de les confisquer toutes sans distinction; aussi la restitution doit-elle être simultanée.

Ces réserves faites, nous rentrons dans l'examen des faits et gestes de l'Empire qui appartiennent spécialement au domaine économique.

II.

L'Empereur, avant de devenir Napoléon III, avait été simplement le prince Louis-Napoléon Bonaparte, publiciste, journaliste, homme de lettres, philosophe, à la recherche de la meilleure solution sociale, ni plus ni moins que Fourier, Cabet, Louis Blanc et Proudhon. Plus heureux que ses collègues en socialisme, il mit un jour la main sur le pouvoir ; c'était le cas ou jamais d'essayer l'application de ses théories.

Le prince Louis avait toujours témoigné, dans ses recherches sur l'extinction du paupérisme, d'une prédilection marquée pour une organisation industrielle copiée sur le régime militaire. Il aimait l'enrégimentation, l'unité de direction et de commandement, la discipline, la hiérarchie, le casernement au besoin dans les cités ouvrières, dont la police tiendrait les grilles.

Conformément à ces données, son premier soin, après 1851, fut de constituer un puissant état-major et de grouper en faisceau une foule d'entreprises homogènes ; plus tard on amalgama les industries même les plus disparates.

Cette organisation a produit, au milieu de notre société travailleuse, régie jusque-là par les lois de la libre concurrence, une oligarchie qu'on a qualifiée de *féodalité financière*, ayant ses lois, ses ressources, sa comptabilité à part.

Le mot féodalité a paru peut-être à quelques lecteurs une exagération, une figure forcée. Il n'en est
rien ; l'expression est vraie au pied de la lettre. Les
grands feudataires créés par Napoléon III : les Morny,
les Pereire, les fondateurs du Crédit mobilier, les
Frémy, les Soubeyran, les administrateurs de chemins de fer, de Banque, de Crédit foncier ne sont pas
plus nombreux que les seigneurs féodaux au temps
de Hugues Capet. On en compte une trentaine de
principaux et cent cinquante de secondaires, ou de
moindres encore ; au total, cent quatre-vingts.

La profonde différence qui existe entre ce monde
d'élite et le public se reconnaît et s'accentue dans les
moindres détails. Les actionnaires, par exemple, n'ont
aucun droit de participer à la surveillance de leurs intérêts s'il ne sont pas porteurs d'au moins quarante
actions. Silence au pauvre ! comme dans les lois de la
presse. Cette interdiction, que la loi réserve aux
aliénés, aux prodigues, les statuts de la féodalité
l'appliquent à la médiocrité de fortune. Les gros actionnaires sont les tuteurs d'office, le conseil judiciaire des petits, réputés indignes, sinon incapables.

Par contre, les membres de l'état-major sont ac-
cablés. Nous avons fait il y a quelques années (1),
d'après le *Livre d'Or* de la nouvelle noblesse, un dé-
pouillement de haut intérêt, dont les résultats sont
aussi vrais que peu croyables.

Nous écrivons au Havre, dans une ville qui compte
des maisons de commerce de premier ordre, dont les
chefs s'appliquent à leurs affaires d'un bout de l'année à l'autre. Chaque négociant se livre à des opérations généralement homogènes ; beaucoup ne traitent

(1) *La Spéculation devant les tribunaux.*

qu'un seul article, et cependant le travail, ainsi réduit et circonscrit, suffit à occuper les plus belles, les plus lucides intelligences.

En féodalité financière, c'est autre chose : chaque individu, espèce de Pic de la Mirandole industriel, est apte à tout.

A l'époque où nous avons relevé le tableau de ces cumuls, nous citions :

M. Biesta, directeur du Comptoir d'escompte de Paris, censeur du Sous-Comptoir des chemins de fer, administrateur de la Société d'assurances la *Paternelle*, du Crédit mobilier, du Central suisse, de la Compagnie transatlantique, des Forges de Decazeville, de la Compagnie immobilière de Paris, du Gaz parisien, des Salines du Midi : ensemble dix Sociétés comprenant les spécialités les plus diverses : l'extraction du sel, la distillation du gaz, la bâtisse, la métallurgie, la navigation, les chemins de fer, le crédit à long terme, l'escompte à brève échéance.

M. Bartholony était administrateur : au Crédit foncier, au Crédit agricole, au Lloyd français, aux chemins de fer français d'Orléans, de Paris-Lyon-Méditerranée, de Lyon à Genève; aux chemins étrangers du Sud de l'Autriche, de Vénétie, Lombardie et Italie centrale, à l'Union des chemins de fer suisses, aux Quatre-Canaux, aux chantiers de la Méditerranée.

On se souvient de la vogue de M. de Morny, un des produits les plus complets du second Empire. Le premier prix des cumuls était toutefois à M. Emile Pereire; sa vaste intelligence suffisait au gouvernement des *dix-neuf* Compagnies suivantes : 1° Crédit mobilier; 2° Crédit foncier; 3° Crédit agricole; 4° Crédit mobilier espagnol; 5° Banque ottomane; 6° Sous-

Comptoir des chemins de fer; — Chemins de fer, 7° de l'Est; 8° de l'Ouest; 9° du Midi; 10° Autrichiens; 11° du Nord de l'Espagne; 12° du Central-Suisse; 13° de l'Ouest-Suisse; 14° le Canal de l'Ebre; 15° la Compagnie transatlantique; 16° les Entrepôts et Magasins-Généraux de Paris; 17° la Compagnie immobilière; 18° le Gaz parisien; 19° la Compagnie des Asphaltes.

Ces dix-neuf Sociétés représentaient alors un capital (actions et obligations) de 3 milliards 700 millions. — Il a considérablement dépéri depuis.

On ne raisonne pas sur de pareils cumuls; nos commerçants, qui se croient forts parce qu'ils dirigent une flottille de huit ou dix navires à voiles, — encore se mettent-ils à plusieurs associés, — savez à quoi s'en tenir sur cette omniscience et cette ubiquité. La qualité d'administrateur, dans ces proportions-là, ne peut plus être une fonction; c'est un fief.

La féodalité financière, comme toutes les puissances aristocratiques, marche par clans et tribus. A côté de M. Emile Pereire, gouverneur de dix-neuf Sociétés, venait son frère Isaac, administrateur de douze, et son neveu Eugène, administrateur de neuf. Les Pereire sont, de plus, alliés aux Thurneyssen; de sorte que de frères à neveu et à gendre, le clan Pereire-Thurneyssen avait la main dans une cinquantaine de Compagnies et sur un capital de près de 5 milliards.

La tribu des Rotschild, avant la mort de son chef, comprenait neuf dignitaires, répartis dans les diverses capitales de l'Europe, ayant qualités d'administrateurs dans une trentaine de Compagnies cotées à la Bourse de Paris. Ils dirigeaient en famille notre chemin du Nord, dont le conseil comptait : 1º James (décédé depuis), 2º Nathaniel, 3º Alphonse, 4º Lionel, et 5º Anthony de Rotschild, ces deux derniers rési-dant à Londres. La distance et l'absence, on le con-çoit, importent peu pour de pareilles fonctions.

Dans ces sortes de cumuls, il devait nécessairement s'en présenter d'incompatibles. Quand se faisaient les fusions de chemins de fer, les mêmes administrateurs se trouvaient dans les Compagnies acheteuses et dans les Compagnies venderesses. Les Pereire, directeurs et principaux actionnaires de la petite ligne de Saint-Germain, et en même temps administrateurs de la fu-sion où sont comprises les lignes de l'Ouest, se rache-tèrent leurs actions originelles sur le pied de 850 à 900 fr. Ils firent une opération analogue quand ils se reprirent à 500 fr. les actions du chemin de Bordeaux à la Teste (tombées à 150), pour le compte de la Com-pagnie du Midi dont ils étaient administrateurs.

La Compagnie des Messageries impériales, admi-nistrée par quatre gros barons, commande une partie considérable de son matériel à la Société des Forges et Chantiers de la Méditerrannée, où se retrouvent comme administrateurs les quatre mêmes gros barons des Messageries : c'est-à-dire que les individus qui achètent les navires comme entrepreneurs de trans-ports, les vendent en même temps en qualité de cons-tructeurs. A quelles conditions s'établissent les prix ? C'est un problème qui embarrasserait fort les plus habiles négociants de n'importe quelle spécialité.

De même, ces mines d'Aubin, dont on a tant parlé lors du dernier essai des chassepots, achetées 500,000 francs, ont été vendues par M. de Camors, proprié-taire de charbonnages, au Grand-Central, représenté par M. de Camors, administrateur de la Compagnie ;

aussi le prix a-t-il monté au chiffre de 44,200 obligations, qu'on pouvait escompter à la Bourse pour 13 millions comptant.

On a vu des administrations de chemins de fer, composées de quinze membres, se donner les plus fortes adjudications, sous le manteau, sans publicité ni concurrence, à l'un les rails, à l'autre les traverses, à celui-ci le matériel, à celui-là les terrassements ou les bâtiments.

La féodalité financière a ses clients et ses favoris d'une part, ses parias et ses serfs d'autre part. Les clients, ce sont les journalistes complaisants, les hauts dignitaires de l'Empire, les employés de l'Etat à gros appointements, les artistes, les lettrés, dont la recon-naissance s'exhale en éloges dithyrambiques agréables à la caste, les grandes et les petites dames, les por-tiers et les domestiques, dont les bavardages font une utile propagande, tous ceux enfin dont la position so-ciale ou administrative peut aider aux combinaisons ou à la popularité des féodaux. Les parias, c'est avant tout le public-client, souvent l'actionnaire, et tou-jours le petit employé.

La Banque de France est gouvernée par vingt-deux pachas (gouverneur, sous-gouverneurs, régents, cen-seurs et secrétaire) ; le Crédit Foncier est aux mains de vingt-quatre beys ; les six grandes Compagnies de chemins de fer comptent :

Le Nord..................	25	administrateurs.
L'Est	25	—
Le Lyon.................	30	—
L'Orléans	24	—
Le Midi	16	—
L'Ouest	16	—
Total.......	136	—

Nous disons 136 pachalicks ; mais, par l'effet des

cumuls précités, le nombre des pachas n'est pas de 120. Toute la circulation de la France, hommes et colis, est à la discrétion de ces cent et quelques proconsuls, dont une trentaine absolument prépondérants.

C'est aux mains de cette oligarchie que notre outillage national a été aliéné pour 99 ans, avec privilége, subventions et garanties par milliards, droits de tarification absolus contre le public-client, droits de détermination de salaire et de destitution sur 300,000 ouvriers et employés.

C'est cette oligarchie qui, devant la gêne et la cherté de toutes choses, criant au loup pour détourner l'attention, a dénoncé le protectionnisme et la douane comme les seules causes de la vie chère et difficile. Nous surveillerons les tarifs sans doute, mais nous continuerons d'abord l'inventaire de ce que la gêne publique doit à la féodalité nouvelle.

III.

De même que les mœurs et les procédés des féodaux de l'industrie ne ressemblent en rien aux moyens et à la pratique du milieu ambiant où ils se meuvent, de même faut-il s'attendre à rencontrer dans la constitution financière des fiefs certains éléments à part, complétement différents de ceux sur lesquels reposent les autres propriétés.

Le premier article de ce code, c'est le privilége ; les membres de l'état-major, libres-échangistes à tous crins, ne se mêlent d'une affaire qu'autant qu'elle est investie d'un monopole, subventionnée et cautionnée par le Trésor public.

Les Pereire, dont nous venons de dire les cumuls, ont été, avec leur compère Michel Chevalier, les grands artisans du traité de commerce.

Les contrats entre le gouvernement et les administrations, quoique consentis le plus souvent pour 99 ans, sont en remaniement et en ébullition perpétuels.

Sous le titre de *Répertoire méthodique de la législation des chemins de fer*, le ministère des travaux publics tient à jour une publication qui, à la fin de 1865, accusait déjà 800 modifications de traités. Citons seulement un exemple :

Le Grand-Central est concédé le 21 avril 1853.

Le 26 décembre suivant, il achète les Chemins de Rhône-et-Loire.

Le 31 janvier 1855, il les revend à la Compagnie de Lyon-Bourbonnais.

Le 15 décembre 1855, il obtient l'embranchement de Firminy.

Le 28 juin 1855, il achète à la Compagnie d'Orléans la ligne de Moulins.

Même année, il achète les mines d'Aubin.

31 janvier 1855, il entre dans le syndicat de la ligne du Bourbonnais.

Même date, il achète à la Compagnie d'Orléans la section de Saint-Germain-des-Fossés.

1857, le Grand-Central est démembré, liquidé, partagé, actif et passif, entre les Compagnies d'Orléans et de Paris-Méditerrannée.

La Compagnie de Rhône-et-Loire et celle du Bourbonnais sont démembrées à leur tour et liquidées avant d'avoir fonctionné.

Dix remaniements en quatre ans pour des concessions séculaires, c'est juste l'opposé de la stabilité tant réclamée comme condition de prospérité dans les industries ordinaires. Les conditions faites aux Compagnies de chemins de fer ont été, disons-nous, remaniées plus de huit cent fois depuis le 9 juillet 1835, date de

la concession de la ligne de Saint-Germain. La moralité de ces bouleversements, une citation va nous
la faire toucher du doigt :

« Dès le début de l'entreprise, dit M. Raoul Bourdon, et trois
ans avant qu'elle donnât aucun profit, le capital de 160 millions de la Compagnie du Nord était vendu au public 340 millions ; c'était 180 millions prélevés par la spéculation avant
qu'on eût fait rouler une locomotive. »

Les adjudications, sous Louis-Philippe, étaient
publiques. La riche ligne du Nord n'était concédée
que pour 38 ans ; celle de Creil à St-Quentin pour 24
ans seulement. L'Empire remplaça les soumissions
concurrentielles par les concessions directes. Il con-
centra en six grandes Compagnies les quarante-deux
Sociétés qui existaient à la fin de 1851, et il accorda
des prorogations de baux uniformes à 99 ans pour
tous les réseaux. Les augmentations de durée furent
notamment :

    de 43 ans sur la ligne d'Orléans.
    de 63 ans sur celle de l'Est.
    de 67 ans sur celle du Nord.
    de 67 ans sur celle du Centre.
    de 78 ans sur celle de Tours à Nantes.
    de 79 ans sur celle d'Orléans à Bordeaux.
    de 80 ans sur celle de St-Quentin.

Le domaine public devenait la proie des faiseurs ;
l'Empire disposait en suprême propriétaire de l'a-
venir et de l'avoir de cinq générations :
Et la moralité de ces bouleversements ? Nous l'avons
indiquée déjà. Donnons encore quelques chiffres. Sous
le coup de ces faveurs, — nous ne parlons pas encore
des subventions, — les actions émises à 500 fr. mon-
tèrent à des prix fabuleux. Voici les cours *maxima* et

les plus-values réalisées avant les traités de 1859 :

Compagnies.	Nombre d'actions.	Cours maxima.	Agio sur le prix d'émission.
Est............	584.000	1.060	327.040.000
Lyon...........	800.000	1.850	1.080.000.000
Midi	250.000	896	99.0000.000
Nord.....·......	525.000	1.175	354.375.000
Orléans	600.000	1.575	645.000.000
Ouest	300.000	990	147.000.000
Totaux......	3.059.000		2.652.415.000

C'est-à-dire qu'entre 1852 et 1859, les 3,059,000 actions qui, à raison de 500 fr. par titre, avaient versé 1,529,500,000 fr., se sont vendues, ou du moins ont pu se vendre 4,181,915,000 fr., laissant aux mains des fondateurs et concessionnaires un bénéfice net de 2,652,415,000 fr. ; en d'autres termes, les porteurs actuels, — presque tous les titres ont changé de mains sous le coup de cet agiotage, — ont acheté au prix de 2 milliards et demi le droit d'être actionnaires. Il n'a été appliqué aux dépenses de construction et de matériel des lignes que les 500 fr. par action, soit 1,529,500 fr., et l'épargne française, pour ce service, s'est saignée de 2 milliards 652 millions *en plus* du capital engagé, — un capital suffisant à construire le triple de kilomètres.

Les auteurs, manipulateurs, organisateurs de ces bouleversements de traités, dont ils prévoient l'effet six mois à l'avance, ont bien voulu mettre dans la confidence les parvenus de l'Empire qu'on ne pouvait doter au budget ; et c'est ainsi que se sont improvisées en quelques années des fortunes auprès desquelles celles des munitionnaires et des fermiers généraux de l'ancien régime étaient dots de rosières.

Un beau jour, toute cette fantasmagorie de hausse,

escomptant en quelques années des concessions séculaires, s'écroula comme un château de cartes ; les
acheteurs d'actions de l'Est à 1,060 fr. n'en trouvaient
plus que 535 fr. au commencement de 1868 ; l'Ouest
était tombé de 990 à 550, et le Midi de 896 à 540.

Alors une immense compassion s'empara des féodaux : ces malheureux actionnaires qui ont eu foi en
nous, les voilà ruinés si on ne vient à leur aide ! Et
le gouvernement, pris de pitié à son tour, remania
à nouveau, en 1859, tous les traités, et garantit aux
actions un minimum de revenu. Quand le trafic ne
suffit pas à produire ce minimum de dividende, on
prend la différence sur l'impôt. C'est ainsi que depuis
1863, le Corps législatif vote chaque année de 30. à
32 millions (en attendant mieux et plus) pour arron-
dir les revenus des actionnaires de chemins de fer, si
mal lotis par les écumeurs bénéficiaires des deux
milliards et demi d'agio.

Nous reviendrons sur ce chapitre.

Le Crédit mobilier, actions de 500 fr., a atteint le
cours maximum de 1,982 fr. et le cours minimum de
160, différence 1,822 fr. par titre, sur un nombre de
120,000 ; calculez les résultats.

Le monopole de la Banque de France devait prendre fin en 1867. Dix ans avant, en 1857, les féodaux
vinrent demander au gouvernement le renouvellement de leur privilége pour 30 ans au moins. L'Empire
avait besoin d'argent. « Soit, dit-il, votre capital,
n'étant que de garantie, vous est inutile pour vos
opérations ; c'est pourquoi vous le doublerez et
le déposerez au Trésor contre de la rente 3 0/0. »

Ainsi fut-il fait. Le privilége fut prorogé jusqu'en
1897 ; on supprima au profit exclusif de la Banque
la loi limitative du taux de l'intérêt, et on ne stipula

aucune clause en faveur de ce public escompteur
qu'on livrait en propriété pour une génération et
plus.

Le capital ancien, représenté par 91,250 actions
anciennes de 1,000 fr., fut doublé. Les actions nouvelles, émises à 1,100 fr., se cotèrent aussitôt à 3,350.
En sorte que les fondateurs et les amis de l'Empire,
mis dans le secret, purent supputer les bénéfices
suivants :

91,250 actions à 3.350 fr. l'une............	fr.	305.687.500
A déduire, 1,100 fr. versés par action.........		100.375.000
Reste net.....................	fr.	205.312.500

205 millions d'agio par le fait d'une seule loi !
Voilà ce qu'on appelait autrefois créer la prospérité
publique. Ces actions de 3,300 fr. sont tombées aujourd'hui à 2,700 ; on ne dit pas que des démarches
aient encore été tentées pour leur garantir un minimum de dividende comme à celles des chemins de
fer; cela pourra venir.

Le Crédit foncier reçut à son origine une dotation
de 10 millions, représentant une rente de 6 pour cent
au premier capital versé. Aujourd'hui les titres ont
monté de 500 fr. à 1,640 ; cependant la Compagnie
ne parle pas de restituer au Trésor les 10 millions de
dotation originelle. Par contre, si une dépréciation
subite faisait tomber les actions au-dessous du pair,
les fondateurs ne manqueraient pas de faire à l'Etat
un devoir de les garantir, même de les racheter, comme
il est arrivé des mauvais numéros de la loterie mexi-
caine et des actions du Palais de l'Industrie.

C'est assez de faits pour l'instant ; ils suffiront à
prouver aux protectionnistes comme aux libres-
échangistes, pour l'éducation desquels nous avons

entrepris cette étude, qu'il y a nécessité d'élargir leurs horizons s'ils veulent embrasser toutes les causes du malaise dont le pays se plaint avec eux.

IV.

La manœuvre des barons de la finance, comme on l'a pu voir dans notre paragraphe précédent, a été de centraliser en monopoles gigantesques des concessions jadis distinctes, séparées, concurrentielles même, puis d'engager l'Etat par une série de traités renchérissant en faveurs les uns sur les autres et produisant une hausse factice continue qui ne devait finir que par l'anesthésie.

Sous l'empire de ce gaspillage et du jeu effréné qui en fut la suite, les valeurs même les plus équivoques atteignirent à des prix fabuleux. Nous donnerons ici les plus hauts cours cotés depuis le coup d'Etat, afin que chacun, en les comparant avec le bulletin journalier de la Bourse, puisse se rendre compte de l'effroyable razzia opérée sur la plèbe actionnaire par ses états-majors.

Valeurs Françaises	Plus hauts cours depuis 1852
3 0/0	86 fr.
4 1/2 0/0	107
4 0/0	100
Obligations de la Seine	235
— de la Ville de Paris (1852)	1.410
— — (1855-60)	500
Actions de la Banque	4.600
Comptoir d'escompte	810
Crédit foncier	1.760
Crédit agricole	760
Foncier colonial	520
Crédit industriel	720
Société des dépôts	580

Valeurs Françaises	Plus hauts Cours depuis 1552
Société générale	670
Mobilier (ancien)	1.982
— (nouveau)	700
Société immobilière	700
Compagnie transatlantique	690
Gaz de Paris	1.500
Omnibus de Paris	1.100
Petites Voitures (actions de 500 fr.)	1.025
Messageries impériales	1.550
Caisse Mirès	900
Magasins généraux	746
Docks de Marseille	800
Chemins de fer: Charentes	500
— Est	1.060
— Lyon	1.850
— Midi	896
— Nord	1.175
— Orléans	1.575
— Ouest	990

Valeurs Étrangères	
5 0/0 italien	76
Obligations mexicaines	353
Crédit néerlandais	540
Banque des Pays-Bas	640
Mobilier espagnol (ancien)	900
Chemins autrichiens	957
Nord d'Espagne	567
Séville-Xérès	550
Madrid-Saragosse	670
Pampelune-Saragosse	505
Portugais	532
Victor-Emmanuel	695
Romains	850
Lombards	675

En comparant ces cours, de l'époque où les féodaux travaillaient le mieux en Bourse, avec ceux d'aujourd'hui, et en tenant compte du nombre des titres, on arrive à une différence de plus de 7 milliards, chiffre approximatif de la razzia opérée sur l'épargne du pays par l'agiotage. On trouve encore, en dehors de cette liste, environ un milliard de titres qui n'ont jamais donné ou ne donneront plus jamais ni intérêts ni dividendes, et que les pauvres hères de la cupidité ont payé à beaux écus sonnants.

Huit milliards de gaspillage en une douzaine d'années, cela fait un vide dans le capital d'une nation.

On pressent déjà que la fraude a dû se mettre de la partie. «Depuis dix-huit mois, disait en 1858 M. l'avocat général Ducreux, plus de 40 Sociétés sont venues rendre compte à votre légitime sévérité de plus de 80 millions jetés et perdus dans l'abîme de la spéculation coupable. »

La vénalité et les avertissements officieux faisaient le silence sur ces brigandages. Mais à côté des délits châtiés par la police correctionnelle, il se passait des énormités que la justice laissait impunies, parce que, selon le mot d'un magistrat, «il était impossible au » législateur de prévoir, et, par suite, d'édicter des » peines contre de tels déportements. »

Voici, par exemple, une révélation produite devant le Tribunal de commerce dans un procès entre..... féodaux se disputant pour la curée :

La ligne de Graissessac à Béziers a été concédée le 27 mars 1852. Deux concessionnaires, Orsi et Delfosse, s'étaient fait un marché pour construire la ligne, moyennant 16 millions. Ils ont sous-traité avec MM. Daviau, Brian et Labrousse, moyennant 14 millions, soit à 2 millions de bénéfice. Ceux-ci, à leur tour, ont sous-traité avec M. Gandell à 12 millions, second profit de 2 millions, ensemble 4 millions d'enlevés aux pauvres actionnaires.

De pareilles révélations ne scandalisaient même plus le ministère public. En voici une autre, produite également par un agréé devant le tribunal de commerce :

MM. Cusin et Legendre ont fait avec MM. Fox et Henderson un traité secret par lequel ces derniers s'engageaient à se porter souscripteurs de 32,000 actions des Docks, tandis que MM. Cu-

sin et Legendre, de leur côté, prenaient l'incroyable engage-
ment d'arranger leur comptabilité de façon que MM. Fox et
Henderson ne fussent pas obligés d'effectuer le versement de
ces actions. Cette coupable connivence n'était pas gratuite:
MM. Cusin et Legendre n'ont pas craint d'exiger une remise de
1 million 800,000 fr. sur les 4 millions dont ils faisaient aban-
don à MM. Fox et Henderson. Nous ne nous permettrions pas
d'avancer de pareils faits si la preuve n'en était fournie dans le
traité secret saisi par M. le juge d'instruction.

Les fondateurs des Docks furent condamnés en
escroquerie ; mais ce petit gaspillage de 4 millions ne
figure seulement pas aux débats correctionnels. Il n'en
valait pas la peine.

Dans le procès des Petites-Voitures, M. le procu-
reur impérial évalue à 10 millions les détournements
opérés par l'administration, dont tous les membres
sont acquittés. La caisse des Chemins de fer s'effondre
dans un désastre de 50 millions. La déconfiture des
entreprises patronées par le Mobilier dépasse un milliard.

Et les féodaux comptent des fortunes de 50 et 100
millions. La morale publique est non moins profondément atteinte que l'épargne et la richesse nationales.

Il se produit dans ce monde des faits qu'on ne sait
comment classer ; doit-on les imputer à la naïveté ou
au cynisme? Lors de la fusion de l'Orléans, en 1852,
on groupait quatre Compagnies en une seule, il fallait donc réduire de 4 à 1 les conseils d'administration, et bien qu'on augmentât le nombre des administrateurs de l'entreprise fusionnée, il y eut des
évictions inévitables. Eh bien, il fut demandé à l'assemblée une indemnité de 300,000 fr. en faveur des
membres qui ne pouvaient trouver place dans la
nouvelle combinaison. 300,000 fr. d'indemnité! Sait-
on quels sont les profits *avouables* d'une place d'administrateur? — Ce sont de simples jetons de pré-

sence, de 20 à 40 fr., selon les Sociétés, que l'on délivre aux membres qui viennent au conseil et signent sur le registre de présence. Les vingt-cinq administrateurs du Nord ont touché, entre eux tous, sur l'exercice 1865, une somme de 5,451 fr. 62 centimes.

Telle était la position pour la suppression de laquelle on demandait 300,000 fr. d'indemnité. On ne pouvait pas avouer plus clairement l'existence des profits *occultes* dont nous venons de signaler des spécimens.

516 voix contre 418 votèrent l'indemnité. Les féodaux rugirent d'indignation au récit d'une opposition aussi imprévue ; Le *Journal des Chemins de fer* prit la férule.

> Par ce vote, les actionnaires ont prévenu les administrateur s qu'ils n'avaient rien à attendre d'eux ; que ceux qui *tenaient à leur position* devaient la défendre et la conserver, sans compter sur le moindre témoignage de reconnaissance de la part des actionnaires. Dieu veuille que ces derniers n'aient pas à s'en repentir !

Dans son livre des *Manieurs d'argent*, M. Oscar de Vallée, avocat général au parquet de Paris, faisant allusion à ces pirateries, se demande : « Les agioteurs doivent-ils restituer ? » et il répond par cette citation de d'Aguesseau : « C'est un bien qui n'appartient à personne, » et qui, par conséquent, doit être rendu au public » dans la personne des pauvres. »

Certes, nous sommes de l'avis du magistrat : il n'y a point de prescription pour ces déprédations qui désespèrent le travail et la probité, et si les assises des grands jours font rendre gorge aux traitants, elles auront bien mérité de la morale.

Mais qu'on ne s'illusionne pas ; ce n'est là ni une ressource ni une réparation. Il n'y a pas 500 millions de restitution à réaliser ; le surplus a été dissipé en haute pornocratie et *high life*; qu'est-ce que cela devant les 8 milliards de la razzia? Le but de notre étude est de sortir le pays de la détresse où l'a plongé la féodalité; et la répression pénale, admirable comme satisfaction à la moralité, n'est d'aucun secours dans le domaine économique.

Revenons donc à notre inventaire, et continuons de chercher les causes qui, bien plus que le traité de commerce, ont écrasé notre situation agricole, mercantile et industrielle.

V.

Jusqu'ici nous avons trouvé l'oligarchie financière en opposition flagrante d'intérêts avec ses actionnaires : c'est une contradiction en apparence ; rien de plus exact pourtant. Ce sont en effet les directeurs, fondateurs et administrateurs qui ont fait râfle, peu de mois avant les fusions et les prorogations de baux, de toutes les actions en baisse disponibles, qu'on dépréciait même, au besoin, par des manœuvres frauduleuses. Les féodaux seuls savaient le secret d'avance.

Puis ce sont les actionnaires qui leur ont racheté, à 100 pour 100 de prime, une fois les prorogations consenties, les mêmes titres surfaits. Les actionnaires ont pris de confiance encore les actions de l'Exposition d'Auteuil, des Docks, du quartier neuf du Luxembourg, du boulevard du Temple, des ports de Brest, de la Halle aux cuirs et d'une centaine d'inventions analogues. Ils ont à peu près tout perdu; mais les fon_ dateurs avaient commencé par leur colloquer leurs terrains à des pris usuraires; ils ont beaucoup gagné et n'ont pas attendu après leur argent, car ils se sont payés sur les premiers versements.

L'actionnaire a acheté à 896 les actions du Midi, à 990 celles de l'Ouest, à 1060 celles de l'Est, qui ne donneront jamais plus de 30 à 40 fr. de revenu ; il a fait ainsi du placement à 2, 2 1/2, 3 pour cent, 4 au plus ; celui qui lui a vendu à ce taux, c'est l'administrateur, souscripteur à 500 fr. ou acheteur en baisse au-dessous du pair, doublant au moins sa mise par l'effet des concessions du gouvernement, pour la ruine des actionnaires et l'asservissement du public-clientèle.

L'actionnaire, avons-nous dit, est exclu des assemblées s'il n'est porteur d'un nombre d'actions représentant au moins de 20,000 à 50,000 fr. d'engagés, selon les Compagnies et les statuts. Faute d'un capital aussi gros, il est forcé de subir sans protester les marchés tels que l'acquisition des mines d'Aubin par le Grand-Central, l'entreprise surfaite de 4 millions du Graissessac, la convention Cusin-Henderson des Docks, que nous citions précédemment. On a établi le cens électoral en affaires, juste au moment où on l'abolissait en politique.

La haute banque, seule admise aux assemblées, engage par ses votes : 1° ceux qui sont venus et ont voté *oui* ; 2° ceux qui ont voté *non* : 3° ceux qui ne sont pas venus, soit indifférence, éloignement ou empêchement quelconque ; 4° ceux qui n'avaient pas le droit d'entrer, n'étant pas assez riches pour donner leur avis.

Veut-on avoir une idée de cette dérision, qu'on nomme une assemblée générale d'actionnaires ? Selon l'article 28 des statuts du chemin de fer de l'Ouest, l'assemblée est constituée lorsque les membres présents sont au nombre de *trente* au moins, et qu'ils représentent

le *vingtième* du fonds social. Selon les statuts encore, par
fonds social, il faut entendre le capital-actions, s'élevant, dans l'espèce, à 150 millions, dont le vingtième
est de 7 millions et demi. Or dès 1865, le capital
engagé dans le réseau s'élevait à 843 millions, obligations garanties et subventions comprises (la subvention est de 238 millions et demi, 88 millions de plus
que le capital-actions.) Des actionnaires représentant
7 millions et demi ont donc le droit de disposer en
maîtres absolus de cette agglomération de 843 millions. Quand ils ont approuvé les comptes, les administrateurs se trouvent dégagés de toute responsabilité.
Vit-on jamais oligarchie plus quintessenciée?

Eh bien, malgré ces précautions, les administrateurs
recourent encore à la fraude. Pour que le vote de l'assemblée ne leur échappe pas, ils y fourrent leurs
commis, leurs laquais, leurs portiers. L'honnête capitaliste qui n'a que 39 actions reste à la porte, tandis
que la valetaille, qui n'a pas un sou dans l'affaire,
envahit la salle.

C'est dans la fusion des ports de Marseille que se
sont affirmées avec le plus d'éclat et d'authenticité ces
mœurs incroyables. Ce sont encore les Pereire qui ont
organisé cette équipée.

Cette histoire tient à la fois du vaudeville et de la
cour d'assises. C'est devant la cour impériale de Paris
qu'elle s'est déroulée en décembre 1864 et janvier
1865. Le conseil d'administration avait un intérêt,
les actionnaires en avaient un autre. Quoique les petits
fussent exclus, les gros étaient encore assez nombreux
pour faire échec au conseil et sauvegarder l'intérêt de
tous. Que firent alors les administrateurs ?

Ils tenaient une caisse de dépôt, où chaque actionnaire avait le droit de déposer en garde ses actions, con-

tre un récépissé nominatif. M. le comte de Laub...
entr'autres déposants, vint réclamer ses titres, au nombre de 521, afin d'assister à l'assemblée. L'administration en avait disposé; elle avait réparti les 521 actions
aux mains d'une trentaine de drôles qui vinrent à
l'assemblée voter toutes les propositions que M. le
comte de Laub... tenait absolument à combattre.

On découvrit, à force de recherches, les noms d'une
vingtaine de ces faux actionnaires, clique et claque aux
mains du conseil. « Alors, dit M° Grandmanche,
l'avocat des demandeurs contre les Pereire, nous
nous présentâmes à l'impromptu chez ces malheureux,
accompagné d'un huissier tenant d'une main une
sommation d'avoir à déclarer la vérité, de l'autre main
une dénonciation en police correctionnelle. Tous les
faux actionnaires, sous le coup de cette menace salu-
taire, avouèrent la fraude. » Mais l'affaire ne sortit pas
des proportions d'une liquidation civile, tant ce monde
privilégié est au-dessus des mœurs, des usages, des
lois et des tribunaux qui régissent le reste de la nation.

L'assemblée générale n'est plus qu'une formalité
dont la haute banque n'a pas encore songé à se débar-
rasser, parce qu'elle y domine à sa guise. Plus heureuse
que le gouvernement impérial, elle a, par le cens des
40 actions, par les faux actionaires, une représentation
tout à sa guise, une Arcadie idéale où l'opposition
est accueillie comme l'était celle du Corps Législatif
aux beaux jours de M. Rouher et des sept sages.

Maîtresse du côté des bailleurs de fonds, la féodalité, qui a su se faire livrer le public et le trésor national, tient la France à merci. Comment? C'est ce que
nous exposerons dans l'intérêt de tous; car si la
population des actionnaires est la minorité, le public-

client, en revanche, c'est tout le monde sans exception.

VI.

Avant d'ouvrir nos frontières à la franche importation des produits étrangers, nos libres-échangistes ont commencé par envelopper le travail national dans un réseau politico-économique d'entraves, d'exclusions, d'interdictions, d'appropriations et d'expropriations qui n'a rien à envier à l'Egypte et aux castes de l'extrême Orient, comme l'on peut s'en convaincre par les faits suivants :

L'Empire, en renouvelant le privilége de la Banque de France dès 1857, dix ans avant son expiration, abolit en sa faveur la loi du 3 septembre 1807 (limitative du taux de l'intérêt de l'argent), qui restait en vigueur pour les autres établissements, publics ou privés. Tandis que l'institution favorisée, sous prétexte de sauver son encaisse, portait impunément son escompte à 10 du cent, les banquiers et les caisses ne pouvaient, sans encourir une condamnation, se mettre à son niveau.

La Banque peut encore, au gré de ses intérêts, restreindre la durée des échéances de 90 à 75, 60 et 45 jours, et cela brusquement, sans avis préalable. — La cherté de l'escompte, disent avec raison les négociants, on trouve encore à la payer ; mais la restriction du terme, sa réduction à deux mois, à un mois et demi, brusquement décrétée contre des gens qui viennent d'accepter du papier à trois mois, c'est la provocation à la faillite.

La Banque a seule le droit de créer des succursales

en France. Elle les prodigue là où elle flaire des bénéfices à réaliser. Le département du Nord en a trois : Lille, Valenciennes et Dankerque ; la Seine-Inférieure en compte deux : Rouen et le Havre. Une trentaine de départements n'en ont pas, parce qu'ils sont pauvres ; c'est-à-dire que les régions qui ont le plus besoin d'une agence de circulation pour se développer sont délaissées de la Banque et *interdites, par son monopole,* de se pourvoir ailleurs. — Si nous commencions, toutes discussions cessantes, par établir le libre-échange chez nous!

Quand on parla sérieusement en France de Crédit foncier, on s'arrêta à l'idée qu'il serait peut-être opportun de fonder une banque au moins par chaque ressort de Cour impériale, et à titre d'à-compte, on en créa de suite trois, l'une à Paris, l'autre à Marseille, l'autre à Nevers, institutions indépendantes qui pouvaient s'augmenter d'une vingtaine d'autres analogues.

M. Wolowski, un libre-échangiste de la vieille roche, directeur de la Banque foncière de Paris, démontra que la diversité des institutions nuirait à leur but. Aussitôt un décret confisqua les banques de Nevers et de Marseille, les almagama à la banque de Paris, qui prit le titre de Crédit foncier de France : 10 millions de subvention et le monopole pour tout le pays, pendant 99 ans, ce fut l'affaire d'un simple décret en date du 28 juin 1856. Une loi accorda encore à l'entreprise des réductions de frais et de formalités pour la transcription et la purge des hypothèques, avantages interdits à tout le reste de la population.

On sait comment l'établissement a amélioré l'agriculture. Il a prêté 50 millions environ à la Compagnie Immobilière de Paris (MM. Pereire étant administrateurs en même temps et dans la Compagnie prêteuse et dans la Société emprunteuse) ; il commandite et fournit le fonds de roulement aux *fabricants de maisons* de la capitale, qu'il ne faut pas confondre avec les propriétaires. Il escompte les travaux de luxe des communes et des départements, comme il est résulté de la discussion sur le traité de la ville de Paris, où des comptables croient reconnaître une exagération de 17 millions de commission. Il prête de l'argent au Grand-Turc, à l'Autriche, aux chemins de fer transrhénans et transalpins, soutirant ainsi à l'agriculture son fonds d'amendement pour l'envoyer à l'étranger.

Supposons que les agriculteurs prennent l'initiative de fonder une institution dans le but de réaliser ce que le Crédit foncier de France devait faire et qu'il ne fait pas. Aussitôt la justice jette son embargo : le Crédit foncier a monopole, pendant un siècle, d'émettre des lettres de gage à longue échéance ; il peut ne pas user de la faculté ; mais il défend à qui que ce soit de s'en servir. 1° Ne rien faire ; 2° empêcher d'autres de faire : voilà le libre échange créé à l'intérieur par l'économie politique du 2 Décembre.

Il reste toutefois à la nation la ressource du rachat. Un exemple nous fera mieux comprendre que le meilleur exposé la moralité de cet expédient.

En 1855, des aventuriers eurent la pensée de constituer en monopole les voitures de place de Paris ; M. Piétri trouva l'idée si conforme au programme de l'*Extinction du paupérisme*, qu'il travailla aussitôt à sa réalisation. L'Empire avait de certains moyens de coërcition pour mener à bien les conceptions industrielles les plus extravagantes. Le monopole fut donc constitué en quelques mois, et sitôt le décret rendu, le public fut frappé par les concessionnaires d'une aggravation de tarif de 30 à 33 pour 0/0. Nous ne par-

lerons pas des pilleries ; disons seulement qu'à un moment donné, en comparant le capital social (400,000
actions de 100 fr. ou 40 millions), les plus-values sus-
citées par l'agiotage (cours de 100 fr. élevé à 220 fr.,
portant le capital à 88 millions), le nombre des voitures exploitées (848), chaque fiacre revenait aux actionnaires à 103,773 fr. 58 c.

Un jour il fallut, dans l'intérêt public, briser ce
monopole (1866). D'ailleurs les actions étaient tombées de 220 fr. à 19 fr. Les écumeurs avaient fait râfle sur la plèbe actionnaire imbécille d'une cinquantaine de millions ; la combinaison avait rempli son
but.

Mais, dirent néanmoins les privilégiés, payez-nous
la rançon de votre liberté.

La ville dut consentir une indemnité de 47 annuités de 360,000 fr. chacune. Ainsi, il en coûtera aux
contribuables parisiens 360,000 fr. par an pendant 47
ans, en tout 16,920,000 fr., parce que deux préfets,
Haussmann et Piétri, sans mandat, sans élection, ont
eu la fantaisie d'essayer un jour d'une utopie économique qui a horriblement gêné la population pendant
onze ans, et lui a imposé une aggravation de tarif
d'un tiers, sans préjudice de la ruine des actionnaires.

Etre mal servi, payer plus cher et faire 360,000 fr.
de rentes en sus aux auteurs de ces dévastations, nous
défions qu'on trouve rien d'analogue dans un pays
réputé barbare.

En la même année 1855 fut constitué en monopole
le service des Omnibus de Paris. Est-il vrai que la
Société a tort de demander l'augmentation d'un sou
par place d'impériale ? C'est ce qui ne regarde ni le
public ni l'administration; les préfets de Paris sont et
seront jusqu'en 1910 les seuls arbitres des tarifs.

La Compagnie règle l'établissement de son matériel sur une moyenne de circulation ; si les voitures manquent parfois de recettes, en revanche, à de certains jours, elles sont insuffisantes de plus des trois quarts. Le dimanche, on voit aux stations extrêmes les voyageurs s'allonger en longues files et faire queue des heures entières. On ne peut demander à une entreprise de s'outiller d'un matériel qui ne servirait qu'une fois la semaine : mais combien de voituriers, de loueurs de chars-à-bancs et de tapissières, qui chôment les jours de fêtes, seraient heureux de louer leurs voitures aux voyageurs que les véhicules du privilége laissent à pied ! Mais la loi du monopole ne le permet pas. Aussi les sergents de ville sont-ils occupés à faire la chasse aux coucous et aux pataches qui tenteraient de suppléer à l'insuffisance des omnibus.

Ainsi le public ne peut pas être servi pour son argent. En vain il offrirait à un voiturier le double et le décuple du tarif des omnibus ; les deux préfets parisiens le lui défendent, et le condamnent à aller à pied. C'est à Paris que se pratique cette variété du libre-échange, — Paris, capitale des lumières et de la civilisation.

La Compagnie parisienne d'éclairage et de chauffage par le gaz a été fusionnée en décembre 1855. Elle agglomérait six Sociétés anciennes : 1° Margueritte, 2° Brunton, 3° Dubochet, 4° Lacarrière, 5° Payn, 6° Gosselin. La mission et le *privilége* de réunir ces six entreprises en une seule furent confiés aux libres-échangistes Pereire (Emile et Isaac), qui n'étaient dans aucune Compagnie antérieure. — Durée du monopole, 50 ans.

Dès 1862, les actions de 500 fr. montaient à 1,500. Le capital versé de 84 millions pouvait se vendre au

prix de 252 millions, soit avec 168 millions de profit.
Les annuités ont dépassé 100 fr., et atteint jusqu'à
22 du cent du capital effectif.

Voilà qui s'appelle créer de la richesse. Le prix du
gaz se règle au mètre cube, à raison de 15 centimes pour la ville et de 30 centimes pour les particuliers.

L'éclairage est une des industries que la chimie,
la physique et l'appareillage ont le plus perfection-
nées depuis l'invention du gaz. Des améliorations nouvelles surgissent chaque jour. Mais, dit le traité passé
entre la Compagnie et M. Haussmann, aucune invention, aucune innovation ne peuvent être introduites
dans la fabrication du gaz sans l'assentiment du
préfet de la Seine et le concours de la Société privi-
légiée. Les chercheurs, si leurs expériences ne ten-
dent pas augmenter les dividendes, n'ont que faire
de se mettre à l'œuvre avant l'an de grâce 1905, si
encore le privilége n'est pas renouvelé d'ici-là.

Ainsi, la qualité, la fabrication , le prix du gaz,
l'amélioration de l'éclairage ne sont point affaire
entre les consommateurs et les fabricants : c'est le
préfet qui, comme le vice-roi d'Egypte, règle le prix
et la distribution de toute chose. L'habitant, s'il n'est
pas content, n'a qu'un droit: s'abstenir de l'éclairage
au gaz et brûler de la chandelle ou de l'oribue.

Il n'est pas besoin de parler du privilége des Docks
dans un port de mer, sinon pour dire qu'à Bordeaux,
à Marseille, au Havre, partout où le monopole s'est
abattu, on le juge comme chez nous.

Au nom de la liberté, dit M. Borde, MM. les administrateurs
des Docks de Marseille dépouillent à leur profit douze mille
portefaix et travailleurs du port, ruinent tout un riche quartier
de la ville qui servait d'entrepôt réel, déplacent la fortune de

plus de trois cents familles.— Et ils demandent encore quelque chose. — Quoi donc ? — Vous devez m'avoir compris : un petit monopole, tout petit, mais enfin un monopole.

On ne peut pas croire, dans le monde de la finance, qu'on puisse prospérer par soi-même, sans être un peu protégé, un peu favorisé, un peu mis à l'abri de la concurrence du vulgaire. On a beau avoir 20 ou 40 millions ; encore faut-il les faire valoir en paix. Par conséquent, le privilége de l'entrepôt réel est accordé à la Compagnie.

Est-elle assez originale notre organisation économique ? Et dire qu'en présence de pareils traités, des professeurs se font payer 6 à 8,000 fr. par an pour enseigner qu'en toute transaction, c'est la loi de l'offre et de la demande qui règle le prix des choses.

Nous avons déja révélé cent énormités, et nous n'avons pas encore abordé le chapitre des chemins de fer. C'est assez dire que, malgré l'exorbitance des faits couchés dans notre enquête, nous n'avons pas oublié de ménager la gradation.

VII.

Le mutisme de la tribune et de la presse a été poussé si loin depuis le coup d'Etat, que notre histoire de l'économie politique du 2 Décembre est pour la plupart des lecteurs une sorte de révélation. Pourtant nous n'avons fait que reproduire des arrêts, des décrets, des délibérations, des comptes-rendus de procès criminels ou civils. C'est la *Gazette des Tribunaux* et le *Bulletin des Lois* à la main que nous écrivons. Puisque le public est ignorant de choses si intéressantes, nous voulons lui dévoiler aussi complètement que possible les vices de la situation, et pour qu'il ne

crie pas à l'impossible, nous continuerons de lui nommer nos autorités.

Les chiffres que nous allons produire ici
sont empruntés à une publication du ministère de
l'agriculture, du commerce et des travaux publics ;
c'est un grand in-quarto de 276 pages, intitulé :
Chemins de Fer, Documents financiers, tiré à l'imprimerie Impériale, en 1868. Les renseignements
s'arrêtent à 1865, avant les chemins de fer électoraux
de 1868 et 1869 ; mais ils représentent d'autant mieux
la situation présente, que les dernières lignes concé-
dées sont à peine jalonnées, et que les capitaux y
afférents sont seulement votés ou souscrits, non
employés.

Si jamais le gàchis économique a accumulé les plus
incroyables étrangetés, c'est dans l'histoire des chemins de fer. La loi civile reconnait la propriété pure
et simple, la nue-propriété, l'usufruit, la main-morte,
l'emphythéose, l'indivision et *toutes* les variétés possibles de la possession ; *toutes*, disons-nous, sauf la
constitution propriétaire des voies ferrées.

Au 31 décembre 1865, le réseau des chemins de fer
français comptait 20,447 kilomètres concédés effectivement, 613 kilomètres concédés à titre éventuel,
devenus définitifs depuis ; ensemble 21,060 kilomètres.

Dépenses faites ou à faire, 9,188,517,268 francs.

Les six grandes Compagnies : Est, Nord, Ouest,
Orléans, Midi, Paris-Lyon-Méditerranée, absorbent
presque tout le réseau ; cependant, il s'est formé quelques petites Sociétés pour l'exploitation des lignes
que la haute finance refusait de prendre, sous prétexte
qu'elles ne seraient pas suffisamment fructueuses ;
telles sont les voies : d'Orléans à Châlons, des Charentes,

d'Arras à Etaples, de la Vendée, du Médoc, de Lille
à Béthune, de Vitré à Fougères, d'Anzin à Somain,
de Glos-Monfort à Pont-Audemer, de Pont-de-l'Arche
à Gisors, de l'Eure, et autres lignes dont la nomenclature s'allonge à chaque session des Conseils généraux.

Le nombre des actions émises par ces diverses entreprises était, au 31 décembre 1865, de 3,214,200,
représentant un capital versé de 1,519,276,399 fr.

L'Etat, à la même époque, était engagé pour les
subventions suivantes:

Nord	2.162.867 fr.
Est	190.652.153
Ouest	238.609.788
Orléans	338.705.803
Lyon	369.588.677
Midi	186.700.000
Ceinture	8.274.158
Charentes	20.495.000
Victor-Emmanuel	12.000,000
Vendée	14.160.109
Sathonay	3.750.000
Perpignan à Prades	1.199.000
Etudes	6.071.265
Concessions provisoires devenues défini- tives	57.300.000
Total des dépenses par l'Etat	1.450.469.120
Par les départements et les communes	86.107.424
Total par les contribuables	1.536.576.544 fr.
L'impôt sous toutes les formes a fourni	1.536.576.544 fr.
Et les actions seulement	1.519.276.399
Différence	17.300.145 fr.

Le public a déjà payé 17,300,145 fr. de plus que
les actionnaires. Le chiffre des actions semble arrêté
définitivement; sauf pour les Compagnies d'intérêt
local, il ne sera pas fait d'autre émission, tandis que

les subventions de l'Etat, des communes et des départements iront en augmentant chaque année.

Eh bien, le capital fourni par l'impôt, qui ne reçoit
ni intérêt, ni dividende, ni amortissement, n'a droit à
rien dans l'organisation du service, la détermination
des tarifs et toutes les questions quelconques intéressant ce bon public, contribuable et bailleur de subventions. Le capital-actions a seul voix délibérative
et consultative, quoiqu'il ait moins fourni que le Trésor.

Récapitulant les deux provenances,

Par l'Etat...............................	1,536,576,544
Par les actions...........................	1,519,276,399
Total...............................	3,055,852,943

nous avons, comparativement au chiffre des dépenses
faites et à faire, et s'élevant à.... | 9,188,517,268
un acquit de................ | 3,055,852,943

Reste à trouver.............	6,132,664,325

Ces 6 milliards 132 millions ont été ou seront
demandés à l'emprunt en forme d'obligations.

Comment des Compagnies, avec un capital d'un milliard et demi, pourraient-elles trouver 6 milliards, de-
mandant ainsi à emprunter 4 sur 1 d'hypothèque
qu'elles offrent ? C'est encore là un des tours de force
de l'économie politique impériale et de la féodalité financière ; les juristes en restent confondus, et le public,
quoique peu légiste de sa nature, n'aurait pas aven-
turé son épargne sur une caution aussi dérisoire. C'est
alors qu'intervinrent les fameux traités de 1859.

Le capital-actions commença par faire son lot. La
Compagnie d'Orléans. — nous la prenons comme
exemple, — prélève avant tout, sur ses recettes *brutes*,
25,000 fr. par kilomètre de l'ancien réseau, afin de

composer son produit *net*. L'excédant, s'il en reste, sert à payer les intérêts et l'amortissement des obligations. Si cet excédant est insuffisant, l'administration du chemin de fer donne à ses prêteurs une traite à vue sur le Trésor public, qui paye avec les ressources de l'impôt.

Voilà un système de comptabilité que nos négociants et industriels auront de la peine à comprendre : étant donné un produit *brut* quelconque, la direction commence par se constituer un revenu *net* déterminé ; après quoi elle songe à payer ses dettes ; si elle n'a pas assez, elle renvoie ses créanciers au ministre des finances. Ce n'est pas croyable ; mais c'est vrai, à preuve que chaque année nous payons.

Il y a des protectionnistes qui ont voté ces fantasmagorique traités de 1859. Seront-ils jamais trop punis de leur complaisance ? Sait-on à quels risques nous engage cette inqualifiable loi de 1859 ? Les *Documents financiers* du ministère nous donnent (page XIV) les chiffres suivants :

GARANTIES CONSENTIES PAR L'ÉTAT.

COMPAGNIES.	Capital garanti.	Annuité garantie
Nord.....................	178,000,000	8,285,000
Est......................	860,000,000	40,033,000
Ouest....................	570,000,000	26,533,000
Orléans..................	759,000,000	35,331,450
Lyon	1,187,500,000	55,278,125
Midi.....................	338,500,000	15,757,175
Victor-Emmanuel	66,000,000	2,970,000
Totaux ..	3,859,000,000	184,188,250

Ainsi, sans rien faire, avant d'avoir remué un colis, 'les libres-échangistes qui ont mis la main sur nos chemins de fer ont 184 millions de rentes d'assurés sur les contributions publiques.

Mais ce décompte ne nous révèle pas encore toute la situation. Les entrepreneurs d'affaires avaient dit à l'État : vous n'avez ni ressources ni crédit ; laissez-nous faire ; nous trouverons de l'argent à bas prix. Or voilà que justement l'État, dans ses emprunts, n'a jamais, depuis 1855, dépassé le taux de 4 1/2, tandis que les féodaux ne trouvent d'argent qu'à 5 fr. 75 0/0, avec notre caution. Alors ils ont ainsi arrangé les risques dans cette mémorable loi de 1859 :

Le service des obligations exige en moyenne 5 fr. 75, intérêt et amortissement compris :

L'État. fait.	4 fr. 65 0/0
Et les Directions.	1 10
Ensemble.	5 fr. 75 0/0

et tout est au mieux.

C'est-à-dire que les féodaux n'ont pas à s'inquiéter de trouver plus de 1 fr. 10 0/0 dans le trafic, puisque le gouvernement se charge au besoin de fournir les 4 fr. 65 0/0 complémentaires. La moralité de ces dispositions, nous n'avons pas besoin de la mettre en relief ; signalons du moins un des partis qu'en tire le monopole. Lorsqu'une grande Compagnie veut ruiner la batellerie d'un canal, d'une rivière, ou le trafic d'une ligne d'intérêt local qui s'embranche sur elle, elle réduit ses tarifs et transporte à perte : et pour que le dividende n'en souffre pas, on fait fonctionner la garantie d'État, qui depuis 1865 dépense une trentaine de millions par an à indemniser cette variété de concurrence.

C'est après s'être fortifiés de ces garanties, subventions et priviléges, que nos Saint-Simoniens se sont écriés : Nous sommes prêts pour le libre-échange !

Le gaspillage de la fortune publique au profit d'un groupe d'habiles qui n'atteint pas deux cents individus, est un bien terrible fléau, et cependant ce n'est rien encore au prix des énormités du droit de tarification dont il nous reste à parler ; le capital englouti, c'est une perte sèche une fois faite ; mais l'embargo sur la circulation, c'est la détresse annuelle, permanente. Nous pouvons donc, sans présomption, annoncer encore des révélations plus désolantes que toutes celles dont nous avons entretenu nos lecteurs jusqu'à présent.

VIII.

Sur les 21,000 kilomètres de chemins de fer concédés au commencement de 1868, les six grandes Compagnies avaient :

Le Nord	1,616 kilomètres.
L'Est	3,090 »
L'Ouest............	2,515 »
L'Orléans..........	4.207 »
Le Lyon	5,953 »
Le Midi	2,210 »
Total......	19,651 kilomètres.

C'est autant dire le monopole de toutes les voies ferrées. Eh bien, cela ne suffit pas aux accapareurs : ce qu'il leur faut, c'est le monopole des transports de toutes sortes. Le comité consultatif, le Conseil d'État, M. Rouher, qui n'ont rien à refuser à la coalition, lui ont livré ou ont détruit les voies concurrentielles, et frappé de paralysie le capital national antérieurement engagé par le pays dans sa viabilité.

Les féodaux ne prennent plus la peine de dissimuler leurs visées; autrefois, ils parlaient encore de leur dévouement aux intérêts de la nation ; ils ne voient plus aujourd'hui que la pressuration à outrance du pays. La Compagnie de Lyon formulait en ces termes son *credo* économique dès 1857 :

Il se produisit devant le comité des chemins de fer un système qui consistait à créer une troisième grande ligne se dirigeant vers la Méditerranée, et *interposée* entre les lignes de Paris à Marseille et de Paris à Bordeaux. Les promoteurs de cette combinaison *arboraient ouvertement le drapeau de la concurrence.*

Heureusement, la nouvelle combinaison abondait en difficultés. Il fallait, pour la réaliser, reprendre le chemin du Bourbonnais aux Compagnies d'Orléans et de Lyon, qui n'étaient pas décidées à abandonner sans résistance *une ligne de défense* qu'on n'essayait de leur enlever qu'afin *d'en faire un instrument de concurrence.*

Les lignes *interposées* ont été à peu près construites comme les concurrents l'avaient proposé, non-seulement vers la Méditerranée, mais dans toutes les directions. L'État, les contribuables y ont prodigué les subventions et les garanties de capital. Mais le réseau interposé, livré aux grandes Compagnies, est exploité selon le principe des tarifs *maxima*, au lieu d'offrir, *par voie de concurrence*, des conditions meilleures aux voyageurs et aux marchandises. Le tout sous la garantie et avec privilége du gouvernement.

Que les préposés aux entreprises privilégiées professent une horreur de la concurrence (à l'intérieur), sauf à réclamer le libre-échange absolu avec l'étranger, c'est une opinion que leur position même leur impose. Mais que nos ministres, signataires du traité de commerce, que le Conseil d'État, que le comité consultatif des chemins de fer, chargés de sauvegarder l'intérêt national contre les abus du monopole, se montrent dévoués corps et âme à toutes les usurpations

des accapareurs, voilà qui accuse une absence complète ou de principes ou de sens moral.

Le bassin de Saint-Etienne est bloqué faute de
voies de communication. La Compagnie du chemin
de Lyon a ruiné la batellerie du Rhône, et ses voies
sont insuffisantes au transport du combustible; en
sorte que les charbons de la Loire restent inexploités
faute de moyens de transport. Grâce à ce blocus, l'approvisionnement de houille des ports de la Méditerranée est fait en grande partie par l'Angleterre. Les
charbons, qui coûtent à Givors et Rive-de-Gier 10 à
12 fr. la tonne, ne peuvent pas arriver en concurrence avec les combustibles anglais, qui se vendent
de 30 à 36 fr.

La contrée s'est émue de cette séquestration, dont
le chômage, les grèves et les massacres de la Rica-
marie sont une des plus sinistres conséquences. Un
projet de chemin de fer concurrentiel a été proposé.
Voici ce qu'en disaient, le 12 août dernier, les journaux du pays :

Il y a eu aujourd'hui assemblée générale du Conseil d'Etat, sous
la présidence de M. de Chasseloup-Laubat. Elle a dû être con-
sacrée à la discussion du rapport de la section des travaux
publics, qui a été chargée d'examiner le projet de l'établissement
d'un *chemin de fer de Saint-Etienne au Rhône*, parallèlement à la
ligne de Paris à la Méditerranée.

On assure que la section des travaux publics a donné un avis
contraire au projet de concession de cet embranchement à une
Compagnie spéciale.

La Compagnie du chemin de Paris à la Méditerranée aurait
pris, dans le but *d'éviter cette concurrence redoutable*, des engagements de nature à satisfaire les exploitations houillères et le
Conseil général du département de la Loire. Ces engagements
feraient l'objet d'une convention entre l'Etat et la Compagnie.

Quelque temps après, le Conseil d'Etat, toutes
sections réunies, repoussait à l'unanimité le projet de

chemin de fer concurrentiel. Les considérants suivants
méritent d'être relatés ;

Le Conseil d'Etat.

Vu la délibération du Conseil général du département de la
Loire, en date du 12 janvier 1869, relative à l'établissement d'un
chemin de fer d'intérêt local de Saint-Etienne à la limite du
département de la Loire, dans la direction de Givors ;

Vu les avant-projets dudit chemin ;

Vu la convention passée entre M. le préfet de la Loire et
M. Delahante pour l'exécution et l'exploitation de la ligne en pro.
jet, en date du 13 janvier 1869 ;

Considérant que le chemin de fer d'intérêt local de Saint-
Etienne à la limite du département de la Loire, dont le projet a
été adopté par le Conseil général de la Loire, doit suivre parallèlement et à une distance de quelques centaines de mètres
seulement, une section de ligne actuellement exploitée par la
Compagnie de Paris-Lyon-Méditerranée entre Saint-Etienne et
Givors ; que ledit chemin doit, par conséquent, desservir la
même population et les mêmes intérêts ; qu'il doit opérer le
transport des mêmes produits pris dans les mêmes établissements ;

Que *son but avoué est de procurer* aux industries locales *un
établissement de tarif* de ? centimes par tonne et par kilomètre,
aux marchandises autres que la houille et les métaux une réduction de 30 0/0, et aux voyageurs de la localité une amélioration de 20 0/0 pour les secondes et les troisièmes classes ; que
ces avantages offerts au public indiquent clairement *qu'il s'agit
d'établir une* VÉRITABLE *concurrence* à la ligne actuelle ;

Que, dans tous les cas, des chemins nouveaux pouvant faire
une concurrence directe à des lignes existantes ne pourraient
être concédés que s'il est bien constaté que les intérêts des localités qui les réclament ont une sérieuse importance et ne sont
pas desservis ou sont desservis d'une manière insuffisante par
les chemins existants ;

Considérant, en fait, d'une part, que le chemin projeté serait
accolé à la section la plus productive d'une ligne plus étendue ;
que la section de Saint-Etienne à Givors, qui fait partie de la
ligne de Roanne à Lyon, donne un produit kilométrique de 150
à 160.000 fr., alors que ce produit sur l'ensemble du parcours
descend à 98,000 fr. pour une dépense d'établissement qui
dépasse sur plusieurs points 1,390,000 fr. par kilomètre.

Que le chemin nouveau aurait donc pour résultat d'enlever à
la Compagnie de Paris-Lyon-Méditerranée, *par l'établissement
d'une ligne rivale* desservant uniquement les mêmes localités et
les mêmes établissements, la meilleure part de ses revenus sur

la ligne de Roanne à Lyon. pour ne lui laisser dans leur intégrité que les charges résultant du surplus de son exploitation.

Considérant, d'autre part, qu'il n'est pas démontré que la ligne de Saint-Etienne à Givors, appartenant à la Compagnie de Lyon, n'offre aux industriels des localités qu'elle traverse que des moyens de transport insuffisants ;

Suit une kyrielle de considérants tendant à établir que les plaintes de la population, des usiniers, des mineurs et du Conseil général n'ont aucun fondement. Le Conseil d'Etat, qui ne compte pas un industriel, prouve encore que les réductions de tarif de 3 centimes par tonne et kilomètre, sur les fers et les houilles, de 30 0/0 sur les marchandises, de 20 0/0 sur les voyageurs, sont une illusion.

Considérant, dit-il, qu'il résulte des renseignements fournis par la direction du commerce extérieur. aussi bien que des documents recueillis par M. l'inspecteur général des chemins de fer comte de Ruolz, par ordre de l'administration, que les meilleures qualités de charbon de Cardiff et de Newcastle. en pierres. se vendent de 30 à 35 fr. dans les principaux ports de la Méditerranée, tandis que les houilles de Saint-Etienne ne peuvent y être rendues par la navigation qu'au prix de 36 fr. 90 et 41 fr. 90); que la seule déduction qui pourrait être faite sur ces derniers chiffres serait de 1 fr. 08 cent., résultant du tarif abaissé à 5 centimes entre Saint-Etienne et Givors ; les frais de Givors au canal Saint-Louis devant rester fixés à 6 francs.

Le rapport conclut que s'il faut absolument établir une nouvelle voie pour parer à l'insuffisance du service, c'est à la Compagnie ancienne qu'on la concédera, ses 5,953 kilomètres anciens ne pouvant vivre en sûreté devant la concurrence de 50 kilomètres indépendants, réfractaires au grand monopole.

Ce ne sont plus là, redisons-le encore, des protestations de monopoleurs intéressés ; c'est la pure doctrine du Conseil d'Etat et du ministère, le principe d'après lequel le gouvernement dirige toute notre économie intérieure.

Nous allons en trouver une application aussi éton-
nante que désastreuse dans la façon dont la navigation intérieure a été sacrifiée. Ceci vaut la peine de
former un chapitre à part.

IX.

Les lyriques, quand on leur parle des canaux et de
la batellerie, qui fait ses huit ou dix lieues par jour,
haussent les épaules : citer ces engins primitifs en
présence de la locomotive ! quelle dérision !

Cependant, le commerce et l'industrie ne partagent
pas ce suprême dédain pour la navigation intérieure.
Ils savent que la vitesse des transports n'est pas un élément de richesse pour maints produits ; que le chemin
de fer, avec ses délais d'expédition, ne fait pas, du
reste, des tours de force de rapidité. Ils savent que le
canal coûte deux tiers de moins que le railway à construire ; que la traction y exige six fois moins d'efforts
que sur les rails, et que les tarifs y peuvent descendre à quatre cinquièmes au-dessous de ceux des
chemins de fer.

Les voies d'ailleurs sont insuffisantes, et quand
notre économie sociale aura été ramenée à une pratique rationnelle, nous n'aurons pas trop de tous nos
outils. Dans l'état présent enfin, les canaux sont le
seul élément de concurrence aux grandes compagnies
et à leurs 21,000 kilomètres de voies. Aussi la coalition a-t-elle eu sans cesse en vue la destruction de ce
mode de viabilité. L'État naturellement n'a pas mar-
chandé son concours ; aussi la ruine de la batellerie
est-elle en bonne voie.

La section de notre chemin de Toulouse à Cette, disait en 1858 le rapporteur du Midi, avait été ouverte le 22 avril 1857. Peu de jours après, le canal réduisait ses tarifs dans de très fortes proportions. Notre exploitation se trouvait presque entièrement paralysée.

A première vue, les populations desservies par les deux voies semblent exceptionnellement favorisées ; la concurrence des bateaux et des wagons doit leur donner les transports au meilleur marché possible. Ainsi en fut-il pendant la première année. Mais l'administration du réseau alla trouver le ministre des travaux publics et le célèbre comité consultatif. Il fut décidé, non pas que l'on comblerait le canal, mais qu'on le mettrait en séquestre en le livrant pour quarante ans à la Compagnie du chemin de fer ; ce qui revient à peu près au même. Et alors le rapporteur de s'écrier :

La lutte avec le canal du Midi va cesser, et *les tarifs* de la voie d'eau, comme ceux du chemin de fer, *vont être immédiatement relevés*.

C'est la confiscation au profit des privilégiés d'une propriété nationale deux fois séculaire.

Les protestations des habitants ne tardèrent pas à monter, comme on dit en certain jargon, jusqu'au pied du Trône. Mais, dirent les hommes d'Etat, la foi des traités ! nous sommes liés pour quarante ans ; si légitimes que soient les revendications, elles ne peuvent autoriser une violation des contrats.

Qui donc s'est permis de les signer, ces contrats spoliateurs de la nation et destructeurs de son outillage.

Joignant l'insulte à la confiscation, l'un des bénéficiaires, Emile Pereire, ose écrire cette impertinence :

Quand on examine avec calme, avec impartialité, la question d'exploitation de nos canaux, on reconnaît que *la gratuité du*

4

canal n'est pas nécessaire pour le développement agricole, manufacturier et commercial des contrées du Midi.

C'est quand deux gros monopoles se disputent qu'il est intéressant d'écouter aux portes ; il y eut un jour un grand duel à coups de brochures entre les compagnies du Midi et de Lyon.

Nous sommes autorisés à affirmer, dit la première, que les tarifs sont combinés de façon à diriger forcément les transports sur les chemins de fer. La voie navigable est complétement sacrifiée à la voie ferrée. Aussi les canaux sont-ils à peu près abandonnés et ne conservent-ils d'autres transports que ceux dont la Compagnie du Midi veut bien faire la concession *par pur respect humain*, et afin de leur laisser une apparence de circulation et d'activité.

A quoi M. Emile Pereire répond :

Si l'on nous enlevait nos canaux afin de les affranchir de tout péage, la Compagnie de la Méditerranée serait ruinée. En effet, que l'on transporte à Bordeaux, au prix de 7 fr. par tonne, les vins de Cette, de Béziers, de Carcassonne, de Narbonne ; et cet immense trafic, joint aux autres produits du Languedoc, du Roussillon et de la Provence, qui encombre ses gares et remplit sa caisse, se dirigera sur Paris, non plus par Lyon, mais par Bordeaux, où il empruntera soit la ligne d'Orléans, soit la voie de mer jusqu'à Rouen. Il y aurait, sous l'influence de ce détournement, une diminution de produit de plus de 20 millions par an pour la Compagnie de la Méditerranée.

Ainsi la séquestration du canal profite non-seulement à la Compagnie du Midi, mais encore à celle de Lyon ; le trafic du Languedoc, du Roussillon et de la Provence sur Paris économiserait annuellement les millions par vingtaines, si on ne lui avait pas confisqué son canal : ce sont les bénéficiaires de la confiscation qui l'avouent :

Le rachat des canaux par l'Etat, dit encore M. Emile Pereire, devrait avoir pour objet la suppression du péage ; or supprimer les péages, ce serait porter un coup désastreux non-seulement à la Compagnie du Midi, mais à toutes les Compagnies de chemins de fer.

A quoi songeut donc nos libres-échangistes gas-
cons? A l'exemple de Bastiat, ils versent l'encre de
la désolation sur la pauvre couturière dont l'odieuse
douane impose de six sous par an le fil à coudre. Et
ils semblent ne pas entendre ces deux grands acca-
parements s'applaudissant de ce que la prohibition
des canaux leur vaut des vingtaines de millions par
an, au préjudice des producteurs agricoles et manufacturiers du Midi.

Mais pourquoi le canal du Midi est-il seul affermé?
C'est que les autres sont peu sérieux comme concurrence aux chemins de fer :

Les voies navigables, parallèles aux autres réseaux, sauf celles
du Nord, sont toutes *paralysées* par des lacunes ou des imper-
fections qui en gênent et en restreignent l'usage.

L'Est est concurrencé par la Marne et le canal de la Marne
au Rhin; mais l'innavigabilité de la Marne annule les bons effets
que procure le canal.

L'Ouest, sur la plus grande partie de son parcours, n'éprouve
d'autre rivalité que celle de la voie de terre.

L'Orléans est concurrencé par la Loire et le système des canaux qui s'y rattachent; mais ces canaux, construits à diverses
époques et sans esprit d'unité, diffèrent entre eux d'écluses, de
largeur, de profondeur, et la Loire elle-même n'est pas navigable dans la plus grande partie de son cours.

La Compagnie de Paris à la Méditerranée devait rencontrer
à son énorme et dangereuse puissance un contre-poids ou mo-
dérateur dans la Haute-Seine, l'Yonne, les canaux de Bourgogne et du Rhône au Rhin, la Saône et le Rhône; mais l'état
de la Haute-Seine laisse malheureusement beaucoup à désirer;
l'Yonne est aujourd'hui dans un état voisin de nature; la navigation de la Saône est interrompue à la hauteur de Lyon; le
Rhône exige encore des travaux importants, et la barre qui
ferme ce fleuve à son entrée dans la mer oppose un obstacle
infranchissable à la navigation maritime, paralysant ainsi
cette grande et magnifique artère qui unit la Méditerranée à la
mer du Nord et constitue l'une des plus importantes lignes navigables du monde.

Cet obstacle, le canal Saint-Louis a pour but de le faire disparaître. C'est aussi pour cela que, depuis seize ans, les hommes qui sont à la tête de la Compagnie de la Méditerranée ont
fait tout ce qui leur était possible de faire pour empêcher l'exé-

cution de ce dernier travail, bien qu'il soit réclamé depuis longtemps avec les plus vives instances par 22 Conseils généraux,
24 Chambres de Commerce, 10 municipalités ; que toutes les
études, toutes les enquêtes, toutes les épreuves administratives
lui aient été constamment et unanimement favorables, et qu'il
ait fait l'objet de 23 pétitions adressées par autant de villes ou
bourgs des bords du Rhône et de la Saône. — Ch. Peut.

Il paraît pourtant qu'après vingt ans, on a réussi
à passer outre aux résistances et à construire le canal
Saint-Louis. C'est en vue de ce résultat que le chemin
de fer de Saint-Etienne au Rhône, dont nous par-
lions précédemment, avait été demandé. Il devait se
combiner avec une exploitation de batellerie sur le
Rhône et le canal Saint-Louis. C'est pourquoi encore
le Conseil d'Etat n'a pas voulu d'une concession concurrentielle à la grande Compagnie. On annulera
le bénéfice du canal.

C'est l'Etat et ses conseils qui, en laissant la navigation dépérir, en livrant aux Compagnies les canaux
qui les gênent, ont fait ici la cherté. Si pourtant quelques bateliers obstinés persistent à faire des transports,
les Compagnies ont alors recours au jeu des tarifs :
une ingénieuse combinaison que nous expliquerons à
son tour.

X

Les tarifs de chemins de fer forment comme un
quatrième règne de la nature. On compte principalement :

Les tarifs kilométriques.
— différentiels.

Les tarifs de détournement.

— généraux.

— spéciaux.

— communs.

— transitaires.

— internationaux.

Nous devons en oublier.

Le tarif *kilométrique* est simple comme une addition : une marchandise paie 8 centimes par tonne et kilomètre, c'est 8 fr. pour 100 kilomètres ; 16 fr. pour 200 ; 24 fr. pour 300. Les premiers cahiers des charges n'admettaient pas d'autre mode de taxation. « La perception des taxes, disaient-ils, se fera par tonne (ou par tête) et par kilomètre, indistinctement et sans aucune faveur. »

Plus tard, on a dérogé à ce principe élémentaire, au nom d'un intérêt public. De Lille à Valenciennes, par exemple, il n'y a pas de chemin direct ; il faut venir prendre la bifurcation de Douai ; il n'eût pas été absolument juste de compter les kilomètres que l'état actuel du réseau, susceptible d'être corrigé plus tard, fait faire en plus aux voyageurs et aux marchandises. On a détaxé alors les prix entre les points extrêmes ; c'est-à-dire qu'au lieu de tarifer selon la courbe de l'arc, quoique effectivement parcourue, on a taxé suivant la corde.

Nous arrivons ainsi du tarif kilométrique au tarif *différentiel* ; celui-ci, sans négliger absolument l'élément distance, ne progresse pas avec le nombre de kilomètres ; telles denrées sont frappées de 10 centimes si elles ne parcourent que 100 kilomètres ; elles descendent à 8 centimes si la distance est de 200 kilomètres, à 7 centimes pour 300, à 5 centimes pour 400 et au-delà. Sous ce rapport, le tarif différentiel offre un caractère de pondération et d'équité incontestable ; mais, dit le proverbe, *corruptio optimi pessima* ; il n'est pire abus que celui des bonnes choses.

L'agencement des tarifs différentiels, livré à l'arbitraire des directions, fonctionne pour la ruine du public et des groupes. Les Rouennais se plaignent que le chemin de fer de l'Ouest demande aux produits de leur port aussi cher pour aller à Paris que s'ils partaient du Havre : échec à la navigation de la Seine. La compagnie de Lyon accorde une détaxe aux blés qui descendent de la Bourgogne et de la Brie sur la capitale, afin qu'ils ne prennent pas la batellerie de la Haute-Seine et de l'Yonne ; les tarifs sont de 4 centimes ; mais ils se relèvent à 6 centimes sur les directions du Dauphiné et de la Franche-Comté, à 7 centimes sur les embranchements de Nîmes et Montpellier, parce que là il n'y a pas de navigation concurrentielle.

Nous retrouverons d'autres exemples.

Le tarif de *détournement* porte un nom de mauvais augure ; c'est le tarif différentiel poussé jusqu'à l'odieux et à l'inique ; il a pour but de *détourner* le trafic de sa voie naturelle, la plus économique, la plus courte, et pour résultat de *détourner* le travail et le bien d'autrui au profit des accapareurs.

On a construit récemment un chemin de fer de 43 kilomètres, de Calais à Boulogne. Mais auparavant, la communication par rails entre ces deux villes n'avait lieu qu'à la bifurcation de Longueau. Il fallait donc revenir de Calais à Amiens, 202 kilomètres, et retourner d'Amiens à Boulogne, 123 kilomètres ; ensemble 325 kilomètres de distance par voies ferrées, contre une cinquantaine par mer. C'est dire que le trafic de Calais à Boulogne revenait naturellement au cabotage. Eh bien, voilà justement ce que la Compagnie entendait *détourner* par ses tarifs, en faisant faire 325 kilomètres au prix de 50

C'est contre les lignes d'intérêt local surtout que le tarif de détournement est terrible. Les journaux de la Seine-Inférieure, et *Le Havre* en particulier ont longuement entretenu les intéressés d'un chemin de fer d'Orléans à Rouen. Laissant quant à présent de côté les compétitions locales, quel a été le grand échec signalé contre l'entreprise? C'est que la ligne de l'Ouest, prenant ses marchandises sur n'importe quel point, à destination d'Evreux, de Dreux, de Chartres, aimerait mieux les conduire jusqu'à Paris, les transiter par la Ceinture, et les ramener à 30 ou 40 kilomètres du croisement, leur faisant faire inutilement 100 kilomètres de parcours en trop.

Un chemin de fer d'intérêt local a été créé de Pont-de-l'Arche à Gisors, entre deux stations de la Compagnie de l'Ouest. Pourquoi d'abord le grand monopole n'a-t-il pas voulu de ce raccordement? Parce qu'il n'y a à faire là que du travail et du trafic; point d'agiotage. Pourquoi l'Etat n'a-t-il pas *exigé*? Parce que, bailleur de subventions pour 238 millions à une Compagnie qui n'en a fourni que 150, garant pour 570 millions de capital et 26 millions et demi d'intérêt annuel, l'Etat ne se reconnaît point de droits. Les communes, le département, les usiniers desservis par la petite ligne ont dû construire, à leurs risques et périls, le tronçon indispensable à leur existence.

De Pont-de-l'Arche à Gisors, la distance est de 54 kilomètres par la voie d'intérêt local, et de 188 par le grand réseau bifurquant à Paris; différence 134 kilomètres. Dans une organisation rationnelle, les wagons venant du Havre, Dieppe, Fécamp et Rouen à destination de Gisors et passe-Gisors devraient être remis, à Pont-de-l'Arche, à la petite ligne de 54 kilomètres. Mais le grand poulpe de l'Ouest, appelant à son secours le tarif de détournement, emmène le convoi jusqu'à Paris, où il reprend la ligne de Paris à Gisors par Pontoise, imposant aux denrées un parcours inutile de 134 kilomètres ; mais en revanche, le tarif est réduit comme si le convoi n'avait à faire que les 54 kilomètres du tracé direct.

Pourquoi? C'est qu'en enlevant à la Compagnie d'intérêt local le *transit*, et ne lui laissant que le trafic d'une station à une autre, le gros poulpe se flatte de l'épuiser ; et alors, se dit-il, la minuscule administration, ruinée, exténuée, m'offrira ses 54 kilomètres pour *un morceau de pain.*

La grande entreprise ne peut manquer de perdre de l'argent à ces manigances ; c'est pourquoi elle a obtenu au préalable le traité de 1859, qui lui permet de sacrifier chaque année, à ces agissements, un déficit de 26,533,000 fr., dont le Trésor public lui doit le remboursement.

Est-il assez subversif, notre système de chemins de fer ? Les grandes lignes, celles qui suivent les vallées ou les plateaux, qui font des recettes de 80 et 100,000 fr. par kilomètre et par an, ont reçu en subvention (moyenne de l'ancien réseau) 82,468 fr. par kilomètre ; mais des sections de la concession de Lyon ont reçu jusqu'à 287,700 fr. par kilomètre, et de Marseille à Toulon, la subvention kilométrique a atteint 447,000 fr.

Nos petites lignes seraient heureuses d'avoir seulement l'intérêt d'un pareil capital ; d'autre part, on ne leur fait aucune garantie ; enfin l'État, qui a consenti aux anciens réseaux 184 millions de revenus annuels, et qui paye déjà 30 millions par an à titre de caution responsable, donne ainsi aux six grands monopoles des millions qu'ils emploient à ruiner les petites concessions, et qui suffiraient au parachèvement du réseau national. Non, jamais dans aucun pays soumis au régime des castes, on n'a relevé de pareils énormités. Le pouvoir commence, dit-on, à être horriblement agacé de ce système et des iniquités qui en résultent. S'il était seul à expier, nous nous contenterions de dire qu'il a trop mérité son sort ; mais le pays ne peut plus vivre dans cette gueuserie organisée contre lui avec ses propres subventions. C'est pourquoi il faut continuer de sonder ce gouffre.

Le pouvoir ne peut rien à tout cela ; pourquoi ? C'est ce que va nous expliquer la philosophie des tarifs généraux.

Les tarifs *généraux* sont la grande mystification de l'Etat et du public. Nos bons tuteurs de l'exécutif et du législatif, pleins de sollicitude pour le travail national, avant de livrer tous les transports, canaux et voies ferrées, aux six grands commandements industriels, ont eu soin de nous sauvegarder contre leurs exactions : il leur a été défendu de dépasser, dans les tarifs, les prix *maxima* fixés au cahier des charges, et copiés à peu près sur ceux du roulage à traction de chevaux au temps de la Restauration. Voici un échantillon des entraves posées par la loi de concession :

TARIF (Extrait).

1º PAR TÊTE ET PAR KILOMÈTRE.

Grande vitesse — Voyageurs.

Voitures couvertes, garnies et fermées à glaces (première

	PRIX		
	de péage. fr. c.	de transport. fr. c.	TOTAUX fr. c.
classe...............................	0 057	0 013	0 10
Voitures couvertes, fermées à glaces, et à banquettes rembourrées (2e classe),...	0 050	0 025	0 075
Voitures couvertes et fermées à vitres 3e classe)...............................	0 037	0 018	0 055

2° PAR TONNE ET PAR KILOMÈTRE.

1re Classe. — *Marchandises transportées à petite vitesse*: Spiritueux, huiles, bois de menuiserie, de teinture et autres bois exotiques; produits chimiques non dénommés, œufs, viande fraiche, gibier, sucre, café, drogues, épiceries, tissus, denrées coloniales, objets manufacturés, armes..	0 09	0 07	0 16
2e Classe. — Blés, grains, farines, légumes, farineux, riz, maïs, châtaignes et autres denrées alimentaires non dénommées, chaux et plâtre, charbon de bois, bois à brûler, dit de corde; perches, chevrons, planches, madriers, bois de charpente, marbre en bloc, albâtre, bitume, cotons, laines, vins, vinaigres, boissons, bière, levûre sèche, coke, fers, cuivres, plomb et autres métaux ouvrés ou non, fontes moulées........................	0 08	0 06	0 14
3e Classe. — Houille, marne, cendres, fumiers et engrais, pierres à chaux et à plâtre, pavés et matériaux pour la construction et la réparation des routes, pierres de taille et produits de carrières, minerai de fer et autres, fonte brute, sel, moellons, meulières, cailloux, sable, argiles, briques, ardoises...................	0 06	0 04	0 10

Il est interdit au monopole de percevoir au-delà des prix fixés ci-dessus, reconnus exorbitants eu égard aux subventions et au perfectionnement de l'outillage; mais il peut taxer au-dessous indéfiniment. Comme il n'y a plus d'autres moyens de transport que le wagon pour les voyageurs, le tarif leur est appliqué à outrance. Quant aux marchandises, les taxes varient, pour les houilles, par exemple, de dix à trois centimes, selon que la voie de fer est ou n'est pas concurrencée. Aux prix *maxima* d'ailleurs, l'antique malbrough du roulagiste aurait bénéfice à reparaitre. Tant que le tarif général n'est pas dépassé, l'Etat ne se reconnaît aucun droit d'intervenir.

Les réductions consenties sur les tarifs généraux forment les tarifs spéciaux.

Les tarifs *spéciaux* constituent une tribu dont le dénombrement contient 1,000 pages environ, grand in-quarto, petit texte, à plusieurs colonnes, dans le Répertoire publié chaque année par la maison Chaix. De classiffication, de méthode, il n'existe pas trace ; rien qui puisse aider la mémoire ; le commerce, pour être renseigné, devrait savoir par cœur les 1,000 pages du Répertoire, comme les collégiens, avant la réforme de M. Duruy, apprenaient les décades des racines grecques. Il y a des tarifs de gare en gare, d'usine à usine, cent variétés de conditions pour un même produit : une Babel sans pareille.

Quand plusieurs Compagnies sont obligées de s'entendre ensemble pour manœuvrer les tarifs au détriment d'une entreprise concurrentielle, c'est en vertu d'une convention qui prend le nom de tarif *commun*.

Les tarifs de *transit* sont les détaxes consenties aux marchandises qui, partant de l'étranger, prennent nos chemins de fer pour repasser par une autre frontière à l'étranger. Si les Français veulent en obtenir quelques colis, on leur demande alors 64 fr. de transport, contre 45 que payent les Allemands, les Suisses et autres voisins qui ont daigné se servir de nos voies. Nous avons cité déjà un nombre considérable d'applications de ce genre spécialement désastreuses pour la place du Havre.

Les tarifs *internationaux* sont des tarifs *communs* entre une ou plusieurs Compagnies françaises d'une part, et une ou plusieurs Compagnies étrangères d'autre part. Cette variété de tarif a fait grand bruit dernièrement, puisqu'elle a produit le célèbre et inextricable conflit franco-belge. On présume que la politique était intéressée dans la question. — Peut-être moins qu'on ne l'a insinué. Il suffit en effet de considérer comment fonctionnent nos administrations de chemins de fer pour comprendre que les Belges et les Hollandais soient prêts à prendre les armes contre leur invasion.

XI.

Voici divers échantillons des bouleversements économiques produits par le jeu des tarifs multiples dont nous avons donné les définitions.

Nous commencerons par un fait apocryphe, — apocryphe, disons-nous, parce que l'affaire, essentiellement vraie, n'a pas eu la sanction d'une décision judiciaire et l'authenticité d'un acte de notoriété publique et officielle, à notre connaissance du moins.

Une compagnie de chemins de fer, intelligemment soucieuse de se créer du trafic, avait engagé les agriculteurs riverains de ses gares à substituer aux grandes cultures celle des produits maraîchers, asperges, choux, artichauts, petits pois, haricots verts et secs, salades, fruits, etc., dont le placement est toujours sûr à Paris. C'était pour la capitale un supplément de provisions et un allégement des prix ; pour les cultivateurs un revenu double au moins de celui que donnent les céréales; pour la compagnie un chargement sûr et rémunérateur : une bonne affaire enfin pour tout le monde. Par un tarif différentiel, des réductions sensibles avaient été consenties aux chargeurs.

Les produits du jardinage se réalisant dès la première année, la ligne obtenait satisfaction immédiate.

Au bout de huit ou dix ans, l'administration du railway éleva des prétentions : elle voulait augmenter ses prix de transport, au risque de déclasser une immense industrie horticole et de ruiner les tenanciers et propriétaires, qui, sous le coup des plus-values de rendement, avaient loué ou acheté en conséquence.

Des choux-fleurs, dit-elle entre autres, ne sont pas des légumes ; ce sont des fleurs, tarif hors classe !... 30 centimes de port par bouquet !... C'était à fouailler les mystificateurs ; la botanique les condamnait sans appel, le choux-fleur ne ressemblant en rien à une floraison. D'ailleurs, les produits auraient été traités, chargés et soignés après comme avant la surtaxe effroyable. Mais ce tarificateur, où le prendre ? les horticulteurs ne rencontraient que le chef de gare à qui parler, un subalterne se retranchant derrière des ordres supérieurs. Comment finit l'affaire ? À la honte de la Compagnie, mais après des pertes considérables pour les maraîchers.

Voici maintenant le pendant de cette histoire, attesté à M. Ozenne par le meeting industriel de Rouen, le 2 novembre dernier.

Tout le monde sait, dit le compte-rendu, que les rapports de notre place avec l'Algérie ont pris un rapide accroissement, à partir de 1842 : de 7 à 8 millions d'affaires, nous sommes arrivés à dépasser 5 millions en 1855. Jusqu'à cette époque, le transport de nos marchandises était effectué par des bâtiments à voiles, dont Rouen était le port d'attache, et qui se sont élevés jusqu'au nombre de 72 ou 75. Des bateaux à vapeur de 6 à 800 tonneaux vinrent se substituer à ceux-ci, et un courant d'opérations maritimes important et suivi s'établit entre notre port et l'Algérie. Le prix du fret de nos tissus était de 12 fr. les 100 kilog., et la prime d'assurance de 1 à 2 0/0. Vers 1860, les chemins de fer imaginèrent une combinaison avec les Messageries impériales, que l'on appela le tarif commun n° 6, dit du Levant. Par suite de cette combinaison, les marchandises de Rouen étaient transportées de Rouen à Marseille, par l'Ouest-Lyon-Méditerranée, à raison de 7 fr. 95 c. les 100 kil. En prenant les Messageries impériales, elles arrivaient dans les ports algériens à raison de 13 fr. 50., avec assurance facultative de 25 à 40 cent. En peu de temps la concurrence par la navigation dut amener pavillon.

Or, depuis 1860, tous nos tissus ont bénéficié du tarif n° 6; 250 à 300 millions de francs de rouanneries, indiennes, colonnades de toute nature, etc., ont passé sans observations, et même on en a sollicité le transport. Mais, tout-à-coup, il y a quelques mois, la Compagnie de Lyon-Méditerranée s'est mise à épiloguer; elle a prétendu qu'on ne devait entendre par *rouenneries* que les tissus *tissés en couleur*, et elle a exclu de son tarif les *indiennes*, les *mouchoirs*, les *cravates*, voire même les *calicots* sur lesquels on a appliqué au chef une légère bande tissée ou imprimée en couleur; d'où il résulte une augmentation d'environ 25 à 40 0/0 dans la moyenne du prix des transports. N'est-ce pas là, dit M. Cordier, un de ces actes arbitraires qui rompent l'équilibre des rapports et ruinent le commerce?

Parfaitement; les imprimés en couleur n'exigent ni plus ni moins de soins et de frais que les tissus. Seulement, le commerce rouennais n'a plus la concurrence de la navigation maritime et fluviale; il est mis à rançon; c'est absolument, sur une autre marchandise, la répétition de l'histoire des choux-fleurs, une polissonnerie.

La faculté de jouer des tarifs à volonté fait que telles marchandises, taxées en troisième classe sur un réseau, ne sont acceptées qu'en deuxième sur un autre.

Les Compagnies détaxent jusqu'au-dessous du prix de revient quand elles sont concurrencées :

L'Ouest par la Seine,

L'Est par la Marne,

Le Nord par l'Oise,

L'Orléans par la Loire,

Le Lyon par la Seine, la Saône, le Rhône et les canaux.

Le Midi seul, en obtenant la séquestration à son profit, pendant quarante ans, du canal des Deux-Mers, est affranchi de ces préoccupations et tarife à outrance.

Se rend-on bien compte des effets de cette tarifiscomanie ?

Les houilles se transportent, sur la ligne du Nord, concurrencée par des canaux sérieux, quoique à l'état primitif, au prix de 3 centimes 1/2 ; sur les autres réseaux, le tarif spécial est en moyenne de 6 centimes par tonne et kilomètre, c'est-à-dire que les usiniers desservis par le Nord payent le parcours de leurs combustibles au prix de :

Pour 300 kilomètres (distance moyenne) fr. 10 50

Et les autres au prix de .... » 18 —

Différence .... fr. 7 50

C'est absolument comme si les usiniers tributaires des lignes de l'Est, de l'Ouest, de l'Orléans, du Lyon et du Midi étaient atteints et frappés d'un *droit de douane intérieure* de 7 fr. 50 par 1,000 kilog., par rapport à ceux du Nord, détaxés d'autant.

Ainsi les tarifs arbitraires de chemins de fer ont rétabli en France les barrières douanières que la Révolution de 1789 se flattait d'avoir abolies à tout jamais.

Quand il s'agit de produits étrangers, c'est pire encore : ici la douane fonctionne contre les produits

français, grâce aux subventions et garanties françaises, au profit des marchandises étrangères.

Si on passe à la Compagnie de l'Ouest, dit le procès-verbal
du meeting de Rouen, on voit que le tarif, n° 2, commun de
transit, porte : marchandises pour exportation, de Dieppe, Fécamp, le Havre, Honfleur, Caen et Rouen, pour Marseille, Cette
et Toulon, la tonne 115 fr. 60.

Supposant une maison de gros de Paris, traitant une opération vers le Levant, voici quels prix elle subira :

Rouen à Paris : tarif général .... Fr. 20 50
(Gare en gare)
Camionnage à son magasin...................... » 4 —
                                               _____
                                               Fr. 24 50
Camionnage de son magasin au chemin de Lyon... » 4 —
Paris à Marseille................................ » 100 —
(Gare en gare).
Camionnage à Marseille .... » 3 50
                                               _____
              Total........... Fr. 132 —
Différence avec le prix de............. Fr. 114 60
Augmenté du camionnage à l'arrivée... » 3 50
                                        _____
       Soit .... Fr. 118 10 » 118 10
                                                _____
                   Différence..... Fr. 13 90

C'est-à-dire qu'il suffira à la marchandise d'être expédiée
d'Angleterre pour recevoir de nos chemins de fer, non-seulement une prime de 13 fr. 90 c., mais encore elle jouira d'un
transport gratuit de 80 à 100 kilomètres, et la même proportion
existe sur toutes les séries.

Mais nous avons mieux encore, ajoute M. le rapporteur.

Une Compagnie anglaise, la maison Flageollet frères et C°,
ayant comptoirs à Manchester, Londres, Paris et Boulogne-sur-
Mer, transporte les calicots écrus de Manchester à Marseille, les
1,000 kilogrammes, à........................... Fr. 122 —
Si nous prenons le prix de transport de Boulogne
à Marseille, nous avons :   _____
(Tarif général) Boulogne à Paris, 2ᵉ classe ...... Fr. 33 70
Chargement et déchargement................... » 1 50
     (Gare en gare).
Camionnage à Paris........................... » 5 —
                                               _____
                                               Fr. 40 20

Report .... Fr. 40 20
2e camionnage de chez l'expéditeur au chemin de
fer de Lyon................................... » 4 —
Paris à Marseille .... » 100 —
(Gare en gare).
Camionnage à Marseille....................... » 3 50

Total............... Fr. 147 70

Différence .... Fr. 25 60

Or, si l'on prend un compas. on reconnait que la différence du parcours de Paris à Marseille est rigoureusement la même que celle de Paris à Manchester. Voyons, dit M. Cordier, qu'elles sont les conséquences d'une pareille monstruosité: ici pas d'hypothèses, mais un fait.

Un des premiers négociants en tissus, de Paris, avait à remplir un ordre reçu d'une maison de Hambourg; l'expédition était destinée pour Yokohama (Japon). Tous les articles de fantaisie français ne souffrirent aucune difficulté, mais les choses de consommation courante, telles que calicots, indiennes deuil, etc., ne purent être réalisées en France: il fallut s'adresser en Angleterre. Et cependant, ce négociant avait à cœur de traiter cette opération: il y mettait un point d'honneur national. Non-seulement il abandonnait toute espèce de rémunération, mais encore il voulait faire un sacrifice; l'affaire lui échappa.

Calculons quel a été le rôle du prix de transport dans ce résultat:

Nous avons dit que la distance entre Paris et Marseille était la même qu'entre Paris et Manchester; il faudrait donc, pour avoir le rapport entre les deux prix de transport que nous avons indiqués, déduire le tiers du prix anglais représentant le trajet de Manchester à Boulogne, et alors nous aurions:

De Manchester à Marseille. . . . . Fr. 122 —
1/3 en moins . . . . » 40 66

81 34
Contre. . . . . Fr. 147 70

Différence à l'avantage de l'expéditeur anglais. Fr. 66 36

Supposons, maintenant, une opération de calicot, au prix normal de 3 fr. 50 le kilogramme en France, et 3 fr. en Angleterre. Nous voyons que cette différence de transport se traduit en une charge de 1 89 0/0 sur la marchandise pour l'expéditeur français, ou en une prime de 2 21 0/0 pour l'expéditeur anglais: différence: 4 10 0/0.

Que cette différence si majeure eût été du côté du négociant parisien, et l'affaire se réalisait au profit de notre industrie.

Est-ce que la France, ajoute M. Cordier, a constitué des priviléges et des monopoles aussi formidables que ceux des Compagnies de chemin de fer, est-ce qu'elle a garanti l'intérêt du capital qui a servi à leur construction, pour en faire des instruments de ruine pour notre commerce et nos industriels?

Nous prenons dans le rapport de M. Siegfried à la Chambre de Commerce du Havre les chiffres suivants:

Le développement du commerce du Havre n'est possible qu'avec les transports à bon marché. En effet, la position du Havre offre tant d'avantages pour ce qui concerne le centre du continent sur celles de Liverpool, Londres, Brême ou Hambourg. qu'avec des transports à bas prix notre marché peut être certain d'attirer à lui la plus grande partie des affaires de la Suisse, du grand-duché de Bade, du Wurtemberg. de la Bavière et même d'une partie de la Prusse, affaires qui se font maintenant en grande partie par l'Angleterre.

Malheureusement, la question de transport des cotons se présente dans ce moment comme nous l'indiquons par le tableau suivant :

Par tonne....	HAVRE		LIVERPOOL		LONDRES	BRÊME	Hambourg
	Par les chemins de fer de l'Est et de l'Ouest	Viâ Anvers et les chemins de fer Belges et Allemands	Viâ Anvers et de là par chemins de fer Belges et Allemands		Viâ Anvers et les chemins Belges et Allemands	Par les chemins de fer Allemands	Par les chemins de fer Allemands
			Coton des Indes	Coton d'Amériq.	Coton des Indes		
A MULHOUSE....	68.35	64.50	63.40	72.80	51.30	49.55	54.50
A BALE........	64.50	61.50	58.60	68.—	46.50	41.75	47.75
A AUGSBOURG....	116.20	72.90	69.65	79.05	59.80	55.75	59.32

Ainsi Mulhouse, Bâle et Augsbourg, soit tout le centre du Continent, ont plus d'avantage, à prix égal, à prendre leurs cotons à Londres, Brême. Hambourg et même Liverpool (sauf dans ce dernier cas pour les cotons des Etats-Unis, et compensation faite de la surtaxe d'entrepôt qui existe encore pour ces derniers) qu'au Havre. malgré la position géographique beaucoup plus avantageuse de ce dernier port. et ceci par suite des tarifs élevés des chemins de fer français.

Plusieurs journaux ont publié, dans le courant de

novembre, la note suivante, qui a passé trop ina-
perçue :

L'administration des postes se propose, pour l'accélération du
service, de faire transporter par chemins de fer les facteurs
ruraux, toutes les fois que les voies ferrées s'approcheront des
communes desservies par ces agents.
La question est à l'étude, mais il est à craindre que la mesure
projetée ne puisse être mise à exécution, par suite des sacrifices
qu'imposeraient à l'administration des postes les exigences des
Compagnies de chemins de fer et les termes mêmes de leurs
cahiers des charges.

Aviez-vous jamais réfléchi à cet état de choses,
ami lecteur ? Tandis que nous nous égosillons à célé-
brer le progrès, la vapeur, le chemin de fer, la rapidité
des communications, la suppression des distances,
nous n'apercevons pas ce malheureux facteur rural,
qui chemine à pied, sa boîte sur le dos, tout le long
de la route de terre cotoyée par le railway et la locomotive.

Oui, c'est bien ainsi que les choses se passent, à
preuve qu'en vue d'accélérer le service et d'alléger
les fatigues du malheureux piéton, on a parlé de lui
faire suivre des cours de vélocipède.

Voilà bien le couronnement de l'édifice économique
du 2 décembre. Le gouvernement a fourni aux chemins de fer plus de subventions que les actionnaires
n'y ont engagé de capitaux ; il garantit aux obligations
4 fr. 65 0/0 sur une annuité de 5 fr. 75, mais il n'a
aucun droit de demander aux Compagnies un service,
même gratuit.

Gratuit, disons-nous ; il ne s'agit pas en effet de
créer des trains express ; c'est l'omnibus qui convient
en ce cas-là. Le train n'attellera pas une voiture de
supplément, et la machine n'usera pas un kilogramme
de charbon de plus. Le transport du facteur ne coû-

terait rien à personne. Il n'importe ; les Compagnies ont leurs exigences, leurs cahiers des charges, et les sacrifices seront onéreux pour l'État, quoi qu'il ait payé déjà, si la réforme s'accomplit.

C'est pourquoi, tandis que les chasseurs mènent en wagon leurs chiens, afin qu'ils ne se fatiguent pas, les facteurs de la poste sont forcés de cheminer à pied, par la pluie torrentielle ou par le soleil torride, dépensant plusieurs heures de marche là où ils pourraient être transportés en quelques minutes.

Qui nous dira le secret de cette organisation de nos services publics et de cette confiscation par les monopoles de nos voies de communication ? Quelle pensée a présidé à ces marchés ? Faut-il accuser l'imbécillité ou rechercher la concussion ?

Nous avons le chemin de fer, et pour améliorer le sort du facteur rural, on parle de lui fournir un vélocipède !

Nous avons la locomotive, et la distribution des lettres, — un service public, — se fait le long des lignes par un commissionnaire à pied, comme au temps où Tobie envoyait son fils toucher une traite chez son créancier Gabélus.

Et l'on veut que nous respections ce régime et ses auteurs !

O nos milliards ! il faudra pourtant bien que nous sachions un jour à quoi vous avez servi.

Nous émettions, au commencement de cette étude, une opinion en apparence paradoxale, qui trouve ici son éclatante confirmation : à savoir que l'intérêt des actionnaires est en contradiction flagrante avec celui des 120 meneurs qui disposent de notre réseau et de ses 9 milliards comme de leur propriété propre, dans laquelle, à raison de 100 actions chacun déposées en garantie de leur gestion, ils n'ont pas 12 millions d'engagés.

Combien sont-ils, ces actionnaires de chemins de fer ayant acheté à 1,060 fr. des actions de l'Est qui leur rapportent 35 fr. de revenu, et qui vivent complètement *de leurs rentes ?* Cinq pour cent au plus. Les autres ajoutent à leur pécule le produit de leur travail : ouvriers, commerçants, agriculteurs, industriels, — c'est-à-dire voyageurs, expéditeurs, destinataires, — ils payent (avec la masse sans avoir) les exactions de tarifs et les subventions au moyen desquelles on leur sert un maigre revenu de 2 et demi à 3 du cent. Ils auraient intérêt à brûler leurs titres contre une tarification honnête à prix de revient.

Comment les monopoleurs de banque, de crédit foncier, de canaux. de gaz, de voitures, de distributions d'eau, de chemins de fer ont-ils inventé le libre-échange, vraie pasquinade dans leurs principes et leurs agissements ? C'est ce qu'aucun protectionniste n'a encore deviné, tant cette classe, vouée à la virgule, à la petite bête et à l'intérêt minuscule de ses machines-outils, a manqué de patriotisme et de cet esprit observateur qui embrasse d'ensemble tous les points de vue, économie et politique. Nous allons donc lui révéler ce que son étroitesse d'esprit et son épouvantable égoïsme l'ont empêchée d'apercevoir.

XII.

En 1859, un an avant l'application du traité de commerce, les 120 bénéficiaires du monopole des chemins de fer avaient encore environ 12,000 kilo-

mètres de voies à construire. Faudrait-il payer les
rails aux prix exorbitants exigés à l'origine par les
maîtres de forges, protégés outre mesure ?

Certes, nos fabricants de fer n'étaient pas intéres-
sants; sous le détestable régime du *pays légal*, ils
avaient poussé jusqu'à l'exaction les tarifs doua-
niers. Le droit sur les fers étrangers, fixé à 165 fr. la
tonne en 1814, élevé à 275 fr. en 1822, c'est-à-dire
à 120 pour 100 de la valeur réelle du produit, ramené
à 206 fr. en 1835, puis à 120 fr. en 1853, avait permis de coter les prix effrontément usuraires de 520 à
600 fr. la tonne de 1815 à 1821. Suivant M. Amé,
cette protection avait infligé à la consommation indigène, dans une période de 43 ans, de 1814 à 1857,
des surtaxes illégitimes montant en total à 2 milliards
500 millions. Un tel privilége appelait des repré-
sailles.

Ce n'est pas tout. L'outillage de nos hauts four-
neaux était détestable; les privilégiés n'entendaient
faire aucune dépense de renouvellement. Non-seulement ils vendaient cher; ils ne pouvaient même pas
suffire à la consommation. Le chemin de fer de Saint-
Germain, concédé en 1835, fut obligé de faire venir
ses rails d'Angleterre, en acquittant le droit de 270 fr.
la tonne. Les Compagnies de l'Est, du Nord, de
Lyon, durent consentir des avances pour améliorer
l'outillage des maîtres de forges chargés de leur
approvisionnement.

Sur la fin du règne de Louis-Philippe, l'Etat, qui
construisait en régie la ligne de Chartres, offrit une
adjudication de rails sur la mise à prix de 345 fr. la
tonne. Les étrangers, frappés d'un droit de douane de
206 fr. 25 (187 50 en principal, sans les décimes),
ne pouvaient fournir à moins de 400 fr. Nos ferron-

niers indigènes, coalisés, exigeaient que le ministre leur accordât ce prix de 400 fr. ; et pendant ce temps, ils vendaient à 300 fr. et au-dessous à l'étranger. L'adjudication du gouvernement ne trouva pas de soumissionnaires à 345 fr. L'histoire des monopoles, à quelque époque qu'on la prenne, offre partout la même immoralité, les mêmes scandales.

On dit que quelques propriétaires de mines, craignant les conséquences d'une coalition aussi coupable, essayèrent de former une entente pour l'abaissement des prix. Toujours est-il qu'avant le traité de commerce, le Creuzot traita avec la compagnie du Midi pour 30,000 tonnes, à 240 fr. rendues en gare, soit à 220 fr. environ prises à l'usine Les forges d'Hayange passèrent également un marché de 27,000 tonnes avec la Compagnie du Nord, à 239 fr. rendues à Laon, soit environ 218 à 220 fr. prises à l'établissement. — Les plus bas prix connus furent 210 fr.

A ces conditions, la construction de nos chemins de fer devenait impossible.

Les concessionnaires privilégiés du réseau ne manquèrent pas de tirer parti de cette position ; la clameur publique s'élevait avec leurs voix contre les barons du fer et leur impitoyable féodalité. Mais, fidèles à leur principe, ils commencèrent par réclamer un supplément de faveur, l'abolition de tout droit sur les rails, le gros du public restant traité comme devant. Le pouvoir ne vit aucun inconvénient à consacrer une exception de plus au droit commun ; il n'alla pas jusqu'à la franchise complète, mais il accorda aux Compagnies une réduction spéciale de 40 pour cent sur les tarifs généraux appliqués à l'industrie privée Une seule branche de production fut mieux traitée :

ce furent les constructions navales, qui jouirent pour trois ans d'une complète franchise.

Plus tard, la Compagnie transatlantique, toujours fidèle à ce principe de concurrence tant prôné par ses directeurs, obtint le privilége de faire franciser un tiers de ses navires construits à l'étranger, faveur refusée à la marine marchande, que menaçait l'abolition de la surtaxe de pavillon.

On ne pouvait cependant aggraver indéfiniment ce système de favoritisme, qui permettait à une classe de capitalistes de vivre en dehors de toutes les lois civiles et économiques qui sont le lot du commun des mortels. C'est alors que les meneurs substituèrent à leurs obsessions personnelles l'idée d'appliquer un principe général. Le traité de commerce, inspiration libérale, naquit ainsi de l'âpreté de privilégiés insatiables à qui les subventions, les monopoles, les garan-.. s de revenus ne suffisaient pas. Les rails furent détaxés à 60 fr. la tonne.

C'était là le gros lot et le grand intérêt des propagateurs du libre échange. Que leur importaient les tissus, lainages, cotonnades et tricots? Ils avaient, disions-nous, 12,000 kilomètres de chemins de fer à construire. Le rail pèse 37 kilogrommes par mètre courant, ou 74 pour une simple voie, 148 pour la voie double, soit 148,000 kilog. ou 148 tonnes par kilomètre; il faut ajouter environ un quart en plus pour les garages, les aiguilles, les voies d'évitement, soit 185 tonnes par kilomètre, et pour 12,000 kilomètres, 2,220,000 tonnes, sans préjudice des éclisses, des boulons, des écrous, des coussinets, des plaques tournantes ; sans préjudice des machines, du matériel roulant ; sans compter encore la détaxe sur les houilles, ce pain quotidien des chemins de fer. A moins de ces réductions, ne craignons pas de le dire, nombre de petites lignes d'intérêt local ne pourraient se construire. En n'évaluant qu'à 100 fr. par tonne de fer la réduction entre le prix actuel et celui auquel ont été payées les fournitures des premières lignes, et en moyenne celles du premier réseau, ce n'est pas se hasarder que d'estimer à 300 millions l'économie obtenue par suite du traité de commerce sur le coût du matériel et des voies.

Ce n'est là malheureusement que la moitié de l'histoire, et si les bénéficiaires de monopoles français ont eu la modestie de ne pas faire sonner trop haut ces chiffres, c'est que peut-être se souvenaient-ils combien la roche Tarpéienne est près du Capitole. Ce magnifique résultat, ces splendides économies sur la construction et l'exploitation de nos chemins, qui en a profité? Voyageurs, expéditeurs, négociants, agriculteurs, industriels, répondez: quelle réduction vous a-t-on faite sur les tarifs, par tête ou par tonne, dans les Compagnies de chemins de fer? Quels avantages avez-vous obtenus pour vos correspondances? Combien payez-vous vos places moins cher?

Eh quoi! les apôtres du libre-échange vous supputent les centimes que vous économise le traité de commerce sur l'achat d'une paire de bas, d'un bonnet de coton et d'articles de plus mince valeur encore; et dans cette industrie où les économies se comptent par centaines de millions, pas la plus petite modération de taxe! toujours des tarifs à outrance; l'arbitraire et les molestations grandissant au contraire en proportion géométrique Où sont donc passées ces atténuations de prix qui, si l'on met en balance les conditions les plus extrêmes en minimum et maximum atteignent plus de moitié de différence?

Que le lecteur cherche lui-même. Voici les chiffres de la statisque officielle :

Les dépenses par kilomètre de l'ancien réseau ont été de........................fr. 449,004

Et celles du nouveau de.............. 431,929

Différence..............fr. 17,075

Comment nos concessionnaires de monopoles, si enthousiastes de la libre concurrence et des prodiges qui en résultent — transformation de l'outillage, meilleure appropriation des forces, bon marché des matières premières — pourraient-ils justifier cette insignifiante différence de 17,075 fr. entre les deux réseaux ? Comptons un peu.

Les premiers cahiers des charges n'admettaient pas de courbes au-dessous de 1,000 mètres de rayon, ni de pentes au-dessus de 5 millimètres par mètre ; de là ces profondes tranchées, ces tunnels multipliés, ces ponts, ces ouvrages d'art, dont le chemin de l'Ouest, entre Paris et Malaunay, offre des spécimens tellement nombreux qu'on dirait volontiers un tracé conçu en vue de vaincre des difficultés.

Aujourd'hui on accepte les courbes de 600 et de 300 mètres de rayon, et les pentes peuvent atteindre jusqu'à 15 millimètres par mètre, sans préjudice des chemins de montagne où un matériel spécial permet des courbes de 30 à 40 mètres et des rampes exceptionnelles (35 millimètres du Vésinet à la plate-forme de St-Germain).

Pour les terrassements, le premier réseau a été attaqué à la pioche, à la pelle, à la brouette, au tombereau, avec l'outillage des anciennes routes et des chemins vicinaux. Il n'est pas nécessaire d'expliquer quelle profonde et radicale transformation ce genre d'entreprise a subie.

Il suffit de faire un tour aux chantiers de n'importe quelle construction, pour apprécier ce que les wagons, les rails, les plans inclinés, les transmissions télo-dynamiques, les machines-outils, les malaxeurs, les installations rationnelles apportent de promptitude, de précision, de sûreté et d'économie comparativement aux procédés d'il y a vingt ans. Aucune manufacture n'a mieux tenu son outillage au courant du progrès que les travaux publics.

Enfin, avec une réduction de 35 du cent dans le prix des fers, avec la faculté des courbes de 300 mètres et des rampes de 15 millimètres, avec un outillage qui centuple les forces et décuple la promptitude d'exécution, nos concessionnaires ont réalisé, sur un coût kilométrique de 440,000 fr., une économie de 17,000 fr.! Est-il assez flagrant que toutes nos réformes économiques et industrielles ont servi à grossir les pots-de-vin, les marchés du genre du Graissessac, les négociations de l'espèce des mines d'Aubin, et les cent variétés de détournement qui sont venues se dérouler, à titre d'échantillon, devant la police correctionnelle? Et l'on s'étonne d'entendre courir par l'air les mots de liquidation, de revendication!

Ainsi le pays se saigne de sacrifices; il s'expose aux bouleversements inhérents à toute modification lente et progressive; il supporte même qu'on le relance d'un régime prohibitionniste à un système de libre-échange, brusquement, sans avertissement préalable, sans transition. Et toutes les améliorations, fruit de cette évolution dont les rouages ne laissent pas que de blesser et de tuer, vont s'engloutir, sans profit pour la nation, dans ce tonneau des Danaïdes où finirait par disparaître la fortune de la France.

Est-ce qu'il peut rien sortir de bon du monopole?

Ces mêmes libres-échangistes de l'extérieur ont fondé
une Compagnie immobilière. Que n'ont-ils pas éco-
nomisé encore sur le prix des fers, qui tiennent tant
de place dans les constructions actuelles ? A quoi
ont-ils abouti ? A gaspiller les millions par centaines
et à ruiner la Société dans une même nature d'entreprise où les propriétaires ont doublé leur fortune.

Et cette Compagnie transatlantique, avantagée du
droit exceptionnel de francisation d'un tiers de sa
flotte, garantie par l'Etat de plus de 9 millions de
revenus ; elle semblait armée de toutes pièces pour
braver l'abolition de la surtaxe de pavillon. On est fort
à parler de liberté commerciale quand on est nanti
de telles faveurs. Et cependant où va-t-elle, cette
Compagnie monopoleuse, avec sa spécialité de matériel impossible, *Europe*, *Impératrice-Eugénie*, *Na-
poléon-III*, *France*, *Nouveau-Monde*, *Panama*, flottille
de navires à roues, au capital mort d'au moins 24
millions, dont les habitants des ports sont à même
d'apprécier les services ? C'est à payer de telles folies,
c'est à indemniser de pareils mécomptes que servent
les subventions d'Etat !

Un journal dévoué à la Compagnie nous apprend
qu'elle est en instance auprès du gouvernement pour
obtenir, dans son cahier des charges, des modifications
de nature à compenser le tort que peut lui occasion-
ner l'égalité des pavillons. Malgré toutes les faveurs
et exceptions consenties à son profit, il lui en faut de
nouvelles ; et cependant ses actions baissent ; les
steamers de Brême, de Hambourg, sans privilège ni
dotations, lui sont une concurrence inquiétante.

Jamais gouvernement n'aura eu la main plus mal-
heureuse dans ses institutions économiques. Comment
le pays se tirera-t-il de ce bourbier, dont le lecteur

doit commencer à sonder la profondeur? C'est ce qu'aucun signe caractéristique ne nous a fait pressentir jusqu'à présent. Achevons notre tableau; peut-être la solution sortira-t-elle naturellement d'une complète exposition.

XIII.

L'expérience des chemins de fer d'intérêt local, dont quelques-uns n'ont pas coûté 100,000 fr. kilométriques, prouve qu'à l'exception des 5 ou 6,000 premiers kilomètres, où les tâtonnements étaient excusables, le réseau n'aurait pas dû dépasser en moyenne 200,000 fr.; car, remarquons-le bien, les tracés de montagnes, sauf dans le Jura, n'ont pas été attaqués. L'Orléans n'a encore rien établi de sérieux dans le haut Limousin et les Cévennes. Le Lyon n'a rien fait dans les Hautes et Basses-Alpes.

Les gaspillages sont sans contredit le plus fort élément d'enchérissement; quand une commission, indépendante d'attaches ministérielles, polytechniciennes, administratives, voudra opérer une ventilation des comptes de premier établisssement, nous lui prédisons hardiment 40 pour cent de gabegie constatés à la balance.

Après les pots-de-vin et les marchés viennent les fantaisies expérimentales, les conceptions grandioses de nos ingénieurs. Tel viaduc de la ligne de Mulhouse, du coût de 15 millions, eût été avantageusement remplacé par un remblai de 2 millions; mais ¡e directeur, fils d'un satrape de l'Empire, éprouvait ¡e besoin de faire un chef-d'œuvre; sa décoration, digne couronnement d'un tel édifice, a donc coûté

13 millions aux actionnaires, qui ont maintenant re-
passé, sous forme de garantie de revenus, le déficit
au Trésor public.

Le chemin de fer de Sceaux, *à ondulations de serpent*,
a englouti en ses 17 kilomètres une subvention de
2,905,000 fr. et 4 millions d'emprunts garantis, sans
préjudice de 3 millions de capital, ultra-suffisants à
une conception rationnelle, industriellement conçue.

La ligne de Vincennes, embarquant à 9 mètres au-
dessus du sol, a été obligée, pour réaliser ce tour de
force, de passer en arcades au-dessus du faubourg
Saint-Antoine : coût kilométrique, 1 million
200,000 fr.

La gare Montparnasse, qui a sa voie à 10 mètres
environ au-dessus des rues, était située autrefois de
plain-pied à la chaussée du Maine. Pour lui rendre
l'accès difficile, ardu, il en a coûté 5 millions à l'Etat :
en revanche, le réseau s'est trouvé allongé de
100 mètres.

Quand les savants imaginèrent d'expérimenter le
moteur atmosphérique entre Nanterre et Saint-Germain, ils auraient pu acheter le matériel des voies de
Dalkey, Croydon et Kingstown, que les Anglais dé-
molissaient comme *impraticable,* et que nos ingénieurs
faisaient construire à neuf, pour recommencer une
tentative condamnée par l'expérience. Après quatorze
ans, il fallut démolir ce ridicule outillage : coût
6 millions d'établissement. et le triple, pendant le
même temps, en frais d'entretien et de combustible,
des machines ordinaires.

L'exploitation est traitée comme la construction.
Des trains de marée, sans régularité possible, puisqu'ils partent après l'arrivée du paquebot de Londres,
filent à toute vapeur, faisant garer jusqu'à 54 trains

réguliers, afin d'amener de Boulogne à Paris en trois ou quatre heures des convois qui contiennent jusqu'à quinze voyageurs.

Le monopole, qui nous prêche le libre-échange et nous crie de réduire nos frais, de perfectionner nos engins, de ne négliger aucune économie, se repaît essentiellement de fantaisies et de gaspillages moins qu'innocents.

L'Etat, qui devait nous donner tous les moyens de communication désirables, exécutés dans la perfection. livre aux Compagnies de chemins de fer ceux de nos canaux qui font un bon service; il laisse péricliter les autres; telle voie est coupée de dix en douze kilomètres par des lacunes qu'on n'a pas su mettre en état en vingt-cinq ans; telle autre a un tirant d'eau maximum de 60 centimètres; les écluses du Centre et de Bourgogne ne peuvent recevoir les bateaux du Nord et de l'Est.

L'exploitation est à la hauteur de la construction; rien de plus instructif à ce sujet que la lettre suivante:

A M. le ministre des travaux publics.

Monsieur le ministre.

« J'ai l'honneur d'adresser à Votre Excellence une Note concernant l'exploitation du touage sur chaîne et sur câble en fil de fer.

» J'espère que Votre Excellence daignera apprécier mon travail, qui intéresse l'économie des transports et, par conséquent, la prospérité du pays.

» Les canaux, Monsieur le Ministre, sont encore exploités comme en 1600, du temps de Riquier. Ainsi, au départ de la mine, ce sont des hommes et des chevaux qui halent les bateaux de charbon, comme si l'eau et le charbon ne produisaient pas la vapeur.

» Après l'arrivée du charbon dans nos villes industrielles, où souvent l'eau s'achète; après que ce combustible a été grevé de droits de douane, de navigation, d'octroi, de frais de pilotage et d'autres frais généraux de toute nature résultant de l'absence de moyens mécaniques de déchargement, de l'irrégularité et de la lenteur de la marche des bateaux, — alors seulement on se décide à faire usage du cheval-vapeur et on reconnait sa force plus économique que la force du cheval dont on se sert pour haler un bateau.

» Les bateaux ne peuvent faire que trois voyages par an entre Mons et Paris ; il résulte de cet état de choses que le charbon coûte moins cher à Singapore qu'à Paris ; enfin, que si les bateaux éprouvaient les mêmes entraves pour parcourir les 25,000 kilomètres qui séparent Cardiff de Singapore que pour parcourir les 350 kilomètres qui séparent Mons de Paris, ce voyage durerait ONZE ANS.

» Je prends la respectueuse liberté d'appeler l'attention de Votre Excellence sur une situation qui n'est plus en rapport avec les progrès qui, depuis un demi-siècle, ont transformé toutes les industries.

» Le bas prix du charbon est étroitement lié à la vie à bon marché, à la prospérité de nos usines.

» J'espère qu'à ce titre Votre Excellence daignera apprécier mes efforts pour appliquer utilement la vapeur à nos 4,000 kilomètres de canaux.

» Je suis, etc.

» Ferdinand Bocqué. »

XIV.

Quand, en présence d'une situation intérieure aussi désolante, nous voyons des intérêts communs se scinder, se poser en antagonistes et se disputer autour des tarifs de douane, c'est à se demander si protectionnistes et libres-échangistes ont jamais ouvert un budget. Voyons donc un peu ce que nous dit, à titre de moyenne, celui de 1867. Le chapitre intitulé : *Produits des douanes et sels,* s'élève à 151,426,000 fr. en recettes, et à 26,860,000 fr. en dépenses, soit un peu plus de 17 0/0 de frais de perception.

Mais dans ce chiffre, les sels figurent pour 22,956,000 fr., et les sucres pour 61 millions. C'est là de l'impôt indirect, non de la protection, et la preuve, c'est que tandis que la douane perçoit ces redevances, les contributions touchent 46 millions sur le sucre indigène, et 8,954,000 fr. sur les sels hors du rayon douanier.

Parmi les *marchandises diverses*, dont le produit annuel, moins la surtaxe de pavillon, aujourd'hui abolie, est inscrit pour 62,611,000 fr., les cafés figurent pour . . . . 22,174,000 fr.

les cacaos pour . . . . 1,819,000 »

le poivre pour . . . . 1,465,000 »

Total . . . . 25,458,000 fr.

Il ne faut pas dire que les droits imposés aux cafés, aux cacaos, au poivre, aient pour but de protéger des productions similaires en France; c'est encore là de l'impôt indirect. Si donc du produit total de . . . . 62,611,000 fr.

nous déduisons ces 25,458,000

Il reste . . . 37,153,000 fr.

Ces 37,153,000 fr., perçus sur les huiles, fruits, céréales, tissus, houilles, machines, métaux, etc., représentent les seuls droits protecteurs. — Si l'on rapprochait de ce chiffre les 26,860,000 fr. de dépenses, la douane proprement dite, la douane *protectrice* coûterait 72 pour cent de frais de perception.

Voilà qui confond bien des raisonnements protectionnistes aussi bien que libres-échangistes.

C'est cet amalgame des contributions indirectes et des droits protecteurs qui fait la nuit dans les comptes du ministère et dans les esprits des contendants. Prenons un exemple inverse.

Les libres-échangistes, qui demandent à tous les

6

vents des acheteurs pour leurs vins, connaissent-ils ce détail?

DROITS SUR LES BOISSONS.

Droits de circulation des vins, cidres, poirés, hydromels............................fr.	15.000.000
Droits de 15 cent. par expédition...........	1.283.000
Droit de détail sur les vins, cidres, etc., et de consommation des eaux-de-vie...........	126.500.000
Taxe unique aux entrées de Paris...........	43.500.000
— — des départements....	11.000.000
Droit d'entrée sur les vins, cidres, eaux-de-vie, liqueurs, et taxe unique aux entrées.......	11.000.000
Droit de fabrication des bières..............	17.240.000
Total............fr.	225.523.000

Voilà, sur un seul article de consommation, une *douane intérieure* de 225,523,000 fr. Douane, disons-nous, et le mot n'a rien d'exagéré. Ces produits, en effet, en dehors des 225 millions et demi précités, ont déjà payé l'impôt foncier, mobilier, personnel, les portes et fenêtres et la patente. Où les Bordelais ont-ils l'esprit de s'arc-bouter contre les 37 millions de la douane étrangère, au-delà de laquelle il n'est que buveurs de bière dédaigneux de leurs vins, quand la douane intérieure de 225 millions et demi condamne à l'eau les Français altérés de leurs produits?

Les 37 millions de douane protectrice permettent aux producteurs indigènes d'élever leurs prix, et c'est peut-être par centaines de millions qu'il faut compter les surtaxes exigées des consommateurs ; les libres-échangistes ne ratent jamais cet argument.

Mais à plus forte raison, les 225 millions et demi de douane intérieure sur les seules boissons, dont 200 millions au moins sur les vins, font que le prix de vente monte au double du prix de revient, que la consommation se restreint, que le marché s'exténue et que la sophistication, dans la seule ville de Paris, au dire de M. Delamare, ancien directeur de la *Patrie*, fabrique bon an mal an plus de 500,000 hectolitres de vins et spiritueux dont la récolte se fait aux entrepôts de produits chimiques des rues de la Verrerie et des Lombards.

De même les 700 millions de produit brut encaissés par les Compagnies de chemins de fer chaque année, à raison des subventions, garanties, intérêts et dividendes usuraires, arrêtent par milliards de tonnes la circulation de produits qui ne se créent pas faute de débouchés.

De même encore peut-on dire que les revenus de 15 0/0 du capital de la Banque entravent l'escompte, tandis qu'un intérêt réduit à 6 le favoriserait.

Devant les complications, les enchevêtrements d'intérêts, la pénétration de la politique par l'économie, et réciproquement, nous défions les promoteurs de meetings, non-seulement d'aboutir à quelque chose, mais de formuler un programme de réformes pratiques. La douane *extérieure*, nous venons de le voir, pèse 37 en tout, contre la seule douane *intérieure* des boissons 225 et demi. La douane, de même que l'octroi et l'exercice, est incompatible avec notre développement industriel et commercial ; elle est onéreuse non pas tant par l'argent qu'elle coûte, que par le temps perdu, les manipulations inutiles, les molestations dont elle est la cause.

Essayez d'ailleurs d'une entente : On a eu la naïveté, vers 1835, d'engager une discussion à perte de vue sur ce qu'il convenait d'entendre par *matières premières*, seules admissibles en franchise.

La matière première, disait le maître de forges, c'est le bois, la houille et le minerai ; il n'y a rien de plus primitif. — Doucement, disait le propriétaire de charbonnages, le combustible minéral est un produit; essayez de m'enlever mon droit protecteur, et je réclame l'introduction en franchise de mes machines d'aérage et d'épuisement. — Les fers en barres, prétendait à son tour le mécanicien, cela n'a ni forme, ni façon; rien de plus matière première; les droits protecteurs commencent à la mécanique. — Halte-là! répliquait le filateur, les broches, les métiers, c'est de l'outillage; l'établissement de douane arrive avec nos filés. — Et nos toiles, répondait le tisserand; les fils en sont la matière première; qu'on protége les tissus, mais rien de ce qui les compose. — Vous nous permettrez bien, répliquaient les indienneurs, de prendre nos calicots unis au dehors, si nous les y trouvons à meilleur compte; puisque c'est pour nous la matière ouvrable, et que nous nous bornons à y mettre de la couleur. — Sur quoi la masse du public répondait: Généralisons, et convenons que chacun s'approvisionnera où et comme il l'entendra, sans exclusion ni surtaxe; car le linge, les étoffes, la faïence, la fonte, le fer battu sont la matière première de tout ménage.

Ainsi les constructeurs de navires réclamaient la franchise pour les matériaux, et la protection pour les coques; les armateurs demandaient la francisation pour les navires achetés à l'étranger, et la taxe de pavillon.

Ceci prouve une chose, dont ne se doutent point les économistes, à savoir que dans la comptabilité d'une nation, les distinctions de produit net et de produit brut, de matières premières et de capital n'existent pas. La science ne commence qu'avec le travail; l'eau à la rivière, don gratuit de la nature, devient un produit seulement lorsque le commissionnaire ou une machine l'ont transportée ou élevée hors de son lit, en vue d'un usage domestique ou industriel; le bois dans la forêt, le minerai dans la terre ne comptent pas en économie; la *valeur* de ces produits ne commence qu'avec l'abattage et l'extraction.

Les métiers à filer sortent de l'atelier du constructeur au crédit du compte de marchandises, et entrent dans l'usine du fileur au débit du compte de capital; le blé, produit du cultivateur, est matière première du meunier, et la farine, produit de celui-ci, est matière première du boulanger. Le ferronnier qui livre des rails, sort des marchandises diverses, et la compagnie de chemin de fer qui les reçoit emmagasine du capital.

Ces notions, mieux connues, auraient évité bien des mécomptes, de fausses démarches, des lois absurdes et de folles terreurs. Elles épargneraient aux libres-échangistes et aux protectionnistes de stériles et ridicules débats. Pendant qu'ils reprennent les commérages où les avait laissés la querelle de 1835, les accapareurs, les monopoleurs, qui ont mis la main sur toutes les forces vives du pays, se fortifient dans leurs priviléges et crient raca sur leurs feudataires, aux applaudissements de la plèbe qui n'y comprend rien.

Tant que les belligérants, au lieu de dauber sur l'ennemi commun, se parqueront chacun dans leur minuscule horizon, criant, l'un: Mes vins! — l'autre: Mes cotonnades! — l'autre: Mes laines! il y aura de belles curées pour les écumeurs, de grandes ruines chez les gros bourgeois, des faillites sans nombre chez les petits, et une misère lamentable sur le pauvre monde.

XV

La question économique, étouffée comme toutes les autres sous le despotisme des quinze premières années du second Empire, vient de faire sa rentrée, peut-on dire, avec explosion. La politique l'avait précédée depuis longtemps dans la voie des revendications; c'est pourquoi la politique est mieux connue, plus sympathique. Les industriels, qui ont donné quitus au pouvoir de ses actes les plus odieux, de ses aventures les plus folles, des transportations sans jugement et de la guerre du Mexique, n'ont commencé à crier que lorsqu'il y a eu péril pour leur bourse. Aussi leur cause rencontre-t-elle une froideur et une méfiance assez justifiées.

Cependant, au-dessus des intérêts privés, plus ou moins respectables, il y a l'intérêt de la nation, sacrifié dans cette scission entre la politique et l'économie. Si les manufacturiers ont eu des complaisances répréhensibles pour les coups d'Etat en permanence du gouvernement, nos démocrates de la gauche et du radicalisme, en revanche, ont couvert d'un silence funeste l'inféodation du pays au judéo-saint-simonisme et les exactions de la féodalité. Plus d'une fois la parole des tribuns de l'opposition a défendu devant la justice les gaspillages dont le député aurait dû poursuivre la répression au Corps législatif. Jamais dépression morale universelle ne. fit la part plus belle aux envahissements des cent et une tyrannies qui nous écrasent. Le récent manifeste de la gauche, malgré l'éclatante résurrection des discussions économiques, ne parle ni des monopoles, ni des subventions d'Etat, ni des tarifications arbitraires. Qu'y a-t-il sous ce mutisme, à la faveur duquel le privilège et le pouvoir personnel ont mis la main sur la nation et sa fortune?

Les princes et les docteurs de l'Empire ont généralement affecté un scepticisme aussi honteux pour eux que pour le peuple qui le souffrait. C'était l'âpreté des parvenus, incertains du lendemain, et tenant à se gaver; l'épithète de *viveur* n'eût pas été une hyperbole pour la plupart d'entre eux. Ils ont donc, impatients de jouir, escompté l'avenir d'un siècle en quinze années, réalisé des fortunes scandaleuses et jeté la France dans une servitude industrielle sans exemple, pour quatre-vingt-dix-neuf ans. La jouissance immédiate, sans frein : il ne faut pas leur demander d'autre philosophie.

Conservateurs, dynastiques, opposants et républicains ont laissé faire. Aujourd'hui, l'impérialisme libéral s'emporte en protestations d'une vivacité insolite, et la république ne souffle mot ; que veut dire encore une fois ce silence?

Il faut pourtant, si nous voulons aboutir à quelque chose, faire cesser cette séparation de l'économie et de la politique. Nous faisions, au précédent paragraphe, un rapprochement entre la douane et un seul chapitre des contributions indirectes : la première coûte 37 millions; les boissons produisent 22.5 millions. L'empêchement à la production, l'embargo sur la consommation sont en proportion de la quotité des chiffres du prélèvement fiscal; la taxe intérieure sur les liquides agit donc six fois comme la douane contre le développement de nos cultures vinicoles et la qualité de notre alimentation.

Si nous voulons alléger ces charges, prohibitives

de toute prospérité, il faut éplucher le budget en recettes et dépenses.

Qu'avons-nous besoin de payer un archevêque
50,000 fr., six cardinaux-sénateurs 60,000 fr., 69
évêques (à 15,000 fr.) 1,035,000, sans compter l'Algérie? Est-il indispensable à notre honneur qu'un
ambassadeur reçoive 100,000 fr. à Berne, 110,000 fr.
à Berlin et à Florence, 120,000 à Pékin, 140,000 à
Constantinople, 150,000 à Madrid, 200,000 à Vienne,
275,000 à Londres, 300,000 à Saint-Pétersbourg, sans
préjudice des frais de route et de représentation, des
indemnités de logement et des suppléments de personnel.

Le ministère de l'intérieur, son administration et
sa police, — non compris la gendarmerie, — nous
enlèvent par an 53 millions, sans compter les préfectures monumentales et les édifices civils.

La famille impériale prend 26 millions et demi
fixes, plus l'usufruit des domaines.

Notre service de trésorerie n'est pas plus avancé
qu'au temps de Charlemagne. Les receveurs généraux
et les trésoriers payeurs coûtent 7,763,000 fr., pour
prendre des mains des percepteurs et receveurs de
contributions les sommes qu'ils transmettent au ministre des finances. Est-ce qu'il est besoin de ces ron-
geurs dans les départements où existe une succursale
de la Banque de France? L'enregistrement et les domaines coûtent 15 millions; l'administration des forêts
9 millions et demi; celle des douanes et des contributions indirectes 57 millions; celle des poudres et
tabacs, 70 millions. Ainsi le monde gouvernemental
forme lui-même caste à part, levant des contributions
avant tout pour se faire vivre.

La guerre, en temps de paix, coûte 347 millions,

non compté l'usage de 500 millions d'immeubles ; la marine absorbe, toujours en temps de paix, 145 millions et demi. Dans le budget de l'année 1867, où nous prenons ces chiffres, la dotation des travaux publics à créer n'allait pas à 100 millions.

Les cultes absorbent 49 millions, contre l'instruction publique 19.

En un mot, la *douane intérieure* de l'impôt, sans préjudice de la conscription, s'élève chaque année à 2 milliards 300 millions, 62 fois le coût de la *douane extérieure*.

Que prétendent donc les Rouennais effarés, criant à M. Desseaux, dans leur réunion : Pas de politique ! pas d'allusions ! Se figurent-ils que, pour leur faire des rentes, on va élever les droits à l'entrée de 37 à 100 millions, laissant d'ailleurs toutes les autres charges en état ? Non, non, il n'y a plus de place pour les revendications individuelles et les intérêts privés ; il faut que les protestations englobent les doléances du pays entier, sous peine de se perdre dans le désert de l'indifférence.

Les protectionnistes et les libres-échangistes, en recommençant leurs thèses fastidieuses avec les éléments de polémique de 1835, nous rappellent le conte de la *Belle au bois dormant.* Qu'y a-t-il de commun entre cette époque et la nôtre ? L'organisation industrielle s'est transformée ; cette transformation n'est pas le fait des accapareurs qui en ont détourné les profits ; il y avait une nécessité de situation que la masse ignorante n'a pas su apercevoir, et que les malins de la finance ont su pressentir pour s'en emparer.

Quoi qu'on ait à dire du monopole de la Banque de France, il est indiscutable que son service vaut mieux que celui de l'usurier sous la Restauration et le gouvernement de Juillet. Quand une Compagnie a dépensé 5 millions à établir des conduites d'eau ou de gaz sous les voies publiques, on ne peut admettre que les premiers venus soient acceptés à couper les rues par de nouvelles tranchées, et à enfouir 5 nouveaux millions de tubulures pour un service suffisamment approvisionné.

Les Docks et les Magasins Généraux, installés aux quais de débarquement, pourraient faire mieux et à meilleur compte que les hangars particuliers, disséminés par la ville, entraînant à des frais considérables de camionnage ; mais on ne peut admettre que le locataire fasse absolument là comme chez lui, entrant et sortant à toute heure, de nuit ou de jour.

Est-ce que le chemin de fer, avec ses myriades d'employés, cantonniers, aiguilleurs, conducteurs, chauffeurs, graisseurs, mécaniciens, chargeurs, bureaucrates, service sédentaire et service actif, ressemble en rien à l'antique roulage, où le personnel de route se composait d'un charretier conduisant deux chariots, marchant et s'arrêtant à sa guise ?

Pouvons-nous renoncer à cet outillage perfectionné, qui comporte un mode d'organisation inconnu des économistes de 1835 ? Non sans contredit. La loi de concurrence a dû, dans l'établissement et l'exploitation des grands engins nationaux, rétrograder devant un principe supérieur. Il ne peut être question ni de supprimer les succursales de la Banque, ni de fermer les Docks, ni de renoncer au gaz pour revenir à l'huile ; il est impossible de songer à construire 21,000 nouveaux kilomètres de chemins de fer sous couleur de créer une concurrence aux 21,000 déjà existants. Nul ne songe à demander le droit de lancer à sa convenance des locomotives et des wagons sur les rails, comme on fait d'une voiture sur la route.

Ce n'est pas moins qu'une révolution accomplie dans notre organisation industrielle. Le bon sens dit que là où la loi de concurrence s'efface, ce ne peut être qu'au profit de la collectivité ; c'est pourquoi il fallait organiser en services publics, à prix de revient, les industries nationales que l'imbécillité et la trahison ont aliénées aux mains des écumeurs d'affaires. On avait l'exemple des canaux, dont l'histoire se reproduit mot pour mot dans les chemins de fer. Armés de leur droit de tarification, les concessionnaires de nos voies navigables établirent des taxes tellement prohibitives que la positition devint intenable. Alors l'Etat dut intervenir et racheter les concessions ; seulement les loups-cerviers firent des conditions ; ils exigèrent notamment, et on leur accorda, 40 millions de leurs actions de jouissance, qui n'avaient jamais ni versé un sou de capital, ni touché un centime de revenu. Voilà comment les financiers soutiennent le crédit des Etats et la prospérité des peuples.

Le monopole, sous la Restauration et la royauté de Juillet, se supputait par centaines de millions ; aujourd'hui, il roule sur les milliards et dizaines de milliards.

L'impôt et les services publics aliénés aux mains des monopoleurs, voilà le seul objectif digne de nos revendications ; les misères de la douane et les souffrances de certaines industries ne sont que vétilles en comparaison. Les Alsaciens le comprennent, les Flamands semblent s'en émouvoir, et les Rouennais ne paraissent pas seulement s'en douter.

Les libres-échangistes de Bordeaux restent aussi

particularistes que les indienneurs, cramponnés aux introductions temporaires, et les maîtres de forges, révoltés contre les acquits à caution. Les Marseillais voient mieux le problème d'ensemble, et nous ne pouvons passer sous silence leur manifeste.

Qui ne reconnaît, disent-ils, que la précipitation avec laquelle certaines mesures ont été adoptées a lésé, plus ou moins profondément, de graves intérêts ?

Ne comprend-on pas que la liberté commerciale au dehors devait avoir pour corollaire la liberté à l'intérieur ?

A chaque pas, comme au temps de la féodalité, on rencontre de petites douanes ; ce sont les octrois, qui pèsent aussi lourdement sur l'agriculture que sur le commerce et l'industrie.

De grands monopoles ont été créés pour faire, nous en convenons, de grandes choses. Mais ils s'imposent d'une manière fâcheuse pour la prospérité générale du pays.

Les prix de transports de toutes les denrées, et principalement du combustible, sont maintenus à des taux beaucoup trop élevés par des Compagnies qui furent largement subventionnées par l'État, et dont le capital primitif a acquis aujourd'hui une valeur quatre fois plus forte.

Pendant que la lutte s'engage entre les nations, le commerce entier de la France semble réduit à une question de transports.

Les tarifs différentiels ont bouleversé toute notre situation économique.

La fièvre de spéculation qui s'est emparée du pays a produit un déplacement des capitaux. Ceux-ci manquent au mouvement général des échanges, tandis qu'ils surabondent dans le centre de la France.

Pourquoi donc les promesses faites par l'Empereur, dans sa lettre du 5 janvier 1863, n'ont-elles point été réalisées ?

Pourquoi? Nous l'avons dit à satiété: c'est que la politique et l'économie sont indivisibles, et que le despotisme ne distingue point entre les intérêts moraux et les intérêts matériels quand il s'agit de ses caprices et de ses lubies.

Aujourd'hui, le monopole politique du pouvoir personnel est à bas; les monopoles industriels ne sont pas seulement ébranlés; c'est contre eux qu'il faut réunir toutes les forces de la lutte et de l'attaque. La nation peut, dans l'état actuel des choses, offrir aux monopoleurs l'oubli de leurs iniquités contre un concordat. Si le privilége résiste, gare les épurations de comptes et la liquidation! Car il n'est ni considération ni contrats qui tiennent : la France est la seule de toutes les nations européennes qui soit livrée, aliénée pour un siècle aux mains des manieurs d'argent. Si elle ne brise pas cette entrave, elle n'a plus qu'à se mettre en service, à gage, chez les nations qui ont su sauvegarder leur dignité et leur propriété des atteintes de la féodalité industrielle : il ne lui reste pas dix ans d'indépendance avec un pareil régime. Ceci est plus sérieux que la querelle du Nord et du Midi, des fers et des vins, des soies et des cotons, de la betterave et de la canne.

Trève donc à ces disputes ridiculement mesquines, et sus d'ensemble au troisième larron! le monopole et l'impôt, en un mot, la *douane intérieure* !

APPENDICE

—

Nous publions en supplément, et à titre de pièces justificatives complémentaires, différents articles extraits du journal *Le Havre,* relatifs pour la plupart à des abus dont les centres commerciaux et industriels de la Seine – Inférieure ont particulièrement à se plaindre. Il faudrait que dans chaque ville où existe un journal, pareille enquête fût faite par les citoyens, par les corps constitués. Ce serait, comme les cahiers généraux de 1789, l'expression des doléances et des espérances du pays. Quelques années d'agitation sur ces questions, aussi vitales que peu connues, et ce serait fait des priviléges; la nation rentrerait en possession de son outillage et recouvrerait la jouissance de ses capitaux, sur lesquels le monopole et le dol ont mis la main.

Nous recommandons à nos confrères ces spécimens d'enquête locale, dont l'instruction se poursuit dans *Le Havre,* et qui trouveront, nous l'espérons, de nombreux imitateurs partout où ils viendront à être connus.

I

Chemins de Fer

Le 11 août 1868, trente maisons honorables de la place du Havre écrivaient à la Chambre de Commerce, pour se plaindre que, grâce à la combinaison des tarifs différentiels établis par les Compagnies de l'Est et de l'Ouest, les cotons, *partant de Liver-*

pool pour l'Alsace et la Suisse, y étaient transportés, en passant par le Havre, à meilleur marché, que ceux *portant du Havre* pour ces mêmes destinations.

Les pétitionnaires appuyaient leurs observations de chiffres irrécusables.

Ce fait paraissait si exorbitant que chacun pensait qu'il suffisait de le signaler au ministre du commerce pour qu'un tel abus cessât aussitôt.

Après dix mois d'attente, la Chambre de Commerce reçut dans le courant de juin une lettre du ministre du commerce en réponse aux réclamations des maisons du Havre.

Le ministre donne raison aux Compagnies, après avoir pris l'avis du comité consultatif des chemins de fer.

Nous savons aujourd'hui ce que c'est que ce comité consultatif des chemins de fer ; il se compose de vingt-sept personnes ; des conseillers d'Etat, des employés supérieurs des ponts et chaussées, *des administrateurs de Compagnies de chemins de fer*, un général d'artillerie (pourquoi pas un amiral) ; mais des négociants, des industriels, des agriculteurs, il n'en est pas question ; tout ce monde est fait pour payer.

Jamais, nous ne craignons pas de le dire, nous n'avons vu une réponse aussi dérisoire faite à des réclamations clairement formulées.

Le fait est simple comme bonjour ; comment se fait-il que des cotons partant de Liverpool et passant par le Havre soient transportés en Alsace et en Suisse à meilleur marché que des cotons partant du Havre, ces derniers n'ayant pas à supporter les frais, le fret et l'assurance de Liverpool au Havre.

Que répond le ministre ?

Que le fret d'Amérique et de l'Inde pour Liverpool est meilleur marché que pour le Havre, et que les négociants anglais font des crédits plus longs que les commissionnaires français ?

Mais, de grâce, quel rapport y a-t-il entre la question posée par le commerce du Havre et celle que M. le ministre traite dans sa réponse à la Chambre de commerce ?... A moins que S. Exc. ne trouve juste que Liverpool étant déjà favorisé, il y a lieu de le favoriser davantage.

Le grand cheval de bataille des Compagnies, c'est que si elles ne favorisaient pas les marchandises venant de l'étranger, le trafic se ferait par des lignes concurrentes étrangères, telles que celles de Belgique et les chemins de fer rhénans.

Eh bien, nous disons et nous répéterons chaque jour, que si les Compagnies de chemins de fer, pour faire concurrence à des lignes étrangères, trouvent *un bénéfice* à transporter à prix réduit des marchandises venant de l'étranger en destination de la France, ou empruntant le territoire français, pour arriver dans d'autres pays étrangers, ces Compagnies doivent ce tarif réduit aux marchandises françaises : elles le doivent triplement :

1° Parce que le cahier des charges originairement attaché à chaque concession dit que la perception des taxes aura lieu partout et par kilomètre indistinctement et sans aucune faveur ;

2° Parce que les réductions provenant de traités particuliers doivent être accordées à tous ceux qui les réclament ;

3° Parce que l'État, c'est-à-dire la nation, a payé jusqu'ici un milliard et demi de subvention aux Compagnies de chemins de fer et qu'il a garanti pour 4 milliards d'obligations en intérêts et amortissement.

Et remarquons que ce que nous venons de dire pour les cotons n'est pas un fait isolé, que cela s'applique à toutes les marchandises, à toutes les Compagnies de chemins de fer, que sur tous les points du territoire les abus existent, que partout les Compagnies poursuivent leurs exactions, que les tribunaux ont beau par-ci par-là en condamner quelques-unes, l'abus renaît le lendemain.

II
Tarifs spéciaux de Transit.

Jamais en France, l'Anglais ne régnera.

Voilà le refrain, que nous chantons tous, avec accompagnement de grosse caisse et de tam-tam, rédisant le mot de Mazarin : « Ils chantent, donc ils paieront ! »

Oh, oui, nous payons bien cher ; et pendant que nous chantons, sans voir le dessous des cartes, notre commerce et notre industrie sont livrés, pieds et poings liés, à la merci de l'Angleterre. Des traités de commerce, faits sans la participation du pays, et des tarifs de chemins de fer octroyés sans contrôle nous placent dans un état flagrant d'infériorité vis-à-vis de nos voisins et menacent de laisser en leurs mains tout le trafic du pays.

Aussi sommes-nous en droit de nous demander si ces traités et ces tarifs, faits au profit de l'étranger, ne sont pas la rançon, la prime d'assurance payée par la France pour assurer la stabilité de l'Établissement impérial ?.....

Nous avons sous les yeux toute une correspondance échangée en 1864 entre une maison du Havre et le chef du service commercial du chemin de fer du Midi ; nous ne pouvons faire mieux que de citer textuellement des extraits de la lettre que ce chef de service écrivait à cette époque en réponse aux réclamations qui lui étaient adressées.

« Bordeaux 4 août 1864.

....

« Notre tarif réduit de transit n'est applicable, au départ de Bordeaux, qu'aux marchandises de toute nature arrivant d'un *port*

?e l'étranger ou des colonies et dirigées sur un autre port de l'étranger ou des colonies, etc.

« Les cafés et les cacaos voyageant dans ces conditions paient :

De gare de Bordeaux à Cette............F. 15 pour 1,000 k.
De gare de Bordeaux à Marseille...........20   —

» Tout transport, qui se trouve en dehors des termes dudit tarif, paie sur notre ligne les prix du tarif général. C'est ainsi que les cacaos et les cafés dirigés de l'*Entrepôt du Havre* par le Midi sur la côte est d'Espagne et sur l'Italie, sont taxés à raison de :

F. 29 50 les 1000 kilog. de Bordeaux-gare à Cette, et de
» 45 65   —   —   à Marseille. »

Cette lettre n'a pas besoin de commentaire ; le commerce du Havre sait que, s'il veut expédier des cafés ou des cacaos pour l'Espagne ou l'Italie, en empruntant la voie du chemin de fer du Midi, il sera taxé : de Bordeaux à Cette à 100 0/0, et de Bordeaux à Marseille à 120 0/0 plus cher que les étrangers.

Ce serait à n'y pas croire, si, d'ailleurs, la lettre ci-dessus n'était confirmée par les tarifs spéciaux P n° 6 et S n° 17 que nous avons sous les yeux.

Voilà quel était l'état des choses en 1864 !

Vous croyez, bonnes gens, que, cédant aux réclamations qui lui ont été adressées, la Compagnie du Midi a depuis lors modifié ses conditions : eh bien! détrompez-vous et continuez à chanter ; car les choses se passent aujourd'hui , en l'an de grâce 1870, exactement comme elles se passaient en 1864. Que disons-nous ? Les conditions de la Compagnie du Midi sont aujourd'hui encore plus favorables aux étrangers. Jugez-en :

Nous possédons le tarif spécial P n° 6 des chemins de fer du Midi, du 1er juin 1869 ; voici textuellement ce qu'il dit :

«§ 1er. — *Marchandises de toute nature arrivant d'un port de l'étranger ou des colonies et dirigées sur un autre port de l'étranger ou des colonies.*

» De Bordeaux-Brienne, Bordeaux-Saint-Jean, La Teste et Arcachon, pour Cette-ville, Agde, La Nouvelle, Port-Vendres (frais de chargement, déchargement et de gare compris), 15 fr. les 1,000 kilog.

» L'application du présent tarif spécial reste soumise aux conditions du tarif général, en tout ce qui n'est pas contraire aux dispositions particulières qui précèdent. »

Nous n'avons pas le tarif de Bordeaux à Marseille pour 1869, mais on nous affirme qu'il reste toujours fixé à 20 fr. par 1,000 kilog. pour les marchandises venant de l'étranger.

Ainsi, voilà qui est bien entendu. Les marchandises *de toute nature* parties de Dunkerque, Boulogne, Dieppe, le Havre, Caen, Cherbourg, Granville, Saint-Malo, Nantes, etc., pour Bordeaux, restent tarifées de Bordeaux à Cette, Agde, La Nou-

7

velle, etc., à..Fr. 29 50
et de Bordeaux à Marseille à........................... « 45 65

Il ne s'agit plus maintenant de cafés et de cacaos seulement, mais de marchandises de toute nature, et le bénéfice des traités de faveur s'étend maintenant, *pour les étrangers*, aux ports d'Agde, de la Nouvelle et de Port-Vendres; les doléances du commerce français n'ont abouti qu'à aggraver sa situation.

Aussi tous les ports que nous venons de nommer, de Dunkerque jusqu'à Nantes, voient-ils leur commerce pour l'Espagne (côte est), pour l'Italie, le Levant et l'Orient décliner rapidement et passer aux mains des Anglais, et, chose incroyable, celles de nos maisons de commerce qui cherchent encore à lutter n'ont d'autre moyen pour envoyer leurs marchandises en Espagne et dans la Méditerranée, que de les expédier, du Havre à Liverpool, par steamers *anglais*, et de Liverpool à Bordeaux, par steamers *anglais*, afin de profiter des tarifs de 15 et de 20 fr. pour Cette et pour Marseille, surchargeant ainsi leurs expéditions des frais, fret et assurance de *l'escale du Havre à Liverpool*, le tout au grand détriment des steamers *français* qui desservent la ligne du Havre à Bordeaux.

Voilà pourtant les énormités que nous subissons en silence, et voilà comment est traité le commerce français sur le territoire français, par des Compagnies françaises auxquelles le gouvernement français a fourni jusqu'à présent *un milliard et demi de subventions* et garanti *quatre milliards d'emprunts*.

III

Les Pétroles.

On nous communique le texte d'une lettre adressée à la Chambre de commerce du Havre, au sujet du transport des pétroles par chemins de fer.

« Havre, le 30 juin 1869.

» Messieurs,

» Par suite d'une mesure prise avec l'approbation du ministère du commerce et exécutoire depuis le 25 juin, les pétroles bruts, épurés, les essences et tous produits similaires, sont privés sur toutes les lignes de chemins de fer français du bénéfice des tarifs communs de transit, sauf sur les lignes de l'Ouest et du Nord, sur lesquelles sont maintenus les tarifs spéciaux; ces marchandises, quel que soit leur emballage, seront soumises aux tarifs généraux ; de plus, la ligne de l'Est les a portées de la 4e à la 1re série, leur imposant ainsi les tarifs les plus élevés, ceux qui ne sont appliqués qu'aux marchandises de grande valeur, telles que soieries, indigo, cochenille, etc. Ce que le chemin de fer de l'Est a fait aujourd'hui, le Lyon et l'Orléans ont annoncé l'intention de le faire également.

« Le maintien de ces dispositions serait la ruine complète pour notre port du commerce d'exportation des pétroles, par suite de l'impossibilité de soutenir la concurrence des marchés rivaux d'Anvers et de Brême.

« Un seul exemple justifiera cette assertion :

Du Havre à Bâle, le pétrole épuré et les produits similaires étaient taxés, d'après les anciens tarifs, maintenant révoqués, à . . . . F. 38 les 0 00 kilog. brut

« Le nouveau tarif est de . . . . » 101 30   d°   d°

« *D'Anvers à Bâle*, la voiture est de « 36 70   d°   d°

« *De Brême à Bâle*,   dito   » 11 —   d°   d°

« Ainsi, tandis que la voiture d'Anvers à Bâle revient à environ 4 fr. 60 par 100 kilog. net de marchandises, celle du Havre à Bâle reviendra à 12 fr. 60, c'est-à-dire que, pour soutenir la concurrence, il faudra que nos prix d'achat soient de 8 fr. par 100 kilog. inférieurs à ceux d'Anvers ; ce qui, sur une marchandise qui vaut en moyenne 50 fr. les 100 kilog., représente un écart de 16 0/0.

« Les chemins de fer exploitent un monopole ; est-il admissible qu'ils établissent des tarifs prohibitifs ?

« Pourquoi les lignes françaises ne pourraient-elles pas faire ce que font les lignes belges et allemandes ?

« Nous soumettons, etc . . . . »

La question, dans cette lettre adressée à la Chambre de commerce, n'est envisagée qu'à un seul point de vue, celui du transit d'exportation ; mais elle est tout aussi grave au point de vue de la consommation intérieure. En supprimant les tarifs communs de transit, non-seulement internationaux, mais intérieurs, de ligne à ligne, les chemins de fer imposent aux pétroles leurs tarifs les plus élevés ; le pétrole a peu de valeur, le prix du transport entre pour une grande partie dans son prix de revient ; de plus, c'est surtout dans les classes pauvres qu'est répandu ce mode d'éclairage. Et voilà que, du jour au lendemain, des compagnies privilégiées élèvent dans la proportion de 10 à 25 0/0 la valeur marchande d'une denrée !

On nous a imposé le libre-échange brutalement et sans nous consulter ; nous avons le tempérament assez robuste pour supporter le nouveau régime, mais à la condition, mon Dieu, d'être placés dans une situation égale à celle qui est faite à nos concurrents et à nos rivaux.

A quoi bon avoir, par l'assimilation des pavillons, par la fixité de nos conditions de vente et d'escompte, par la modicité de nos frais de place, attiré dans notre port, topographiquement le plus rapproché des grands centres de consommation, des cargaisons de toutes marchandises, si, une fois emmagasinés dans nos entrepôts, ces chargements se trouvent au Havre plus mal placés pour arriver aux consommateurs que s'ils étaient allés à Londres, Anvers ou Rotterdam, par suite des tarifs excessifs des chemins de fer et des avantages accordés aux ports que nous venons de nommer par les tarifs dits de « transit et d'exportation ? »

Il y a dans tout ce qui se passe, à propos de nos chemins de fer, une confusion, un décousu, disons le mot, un gâchis tel, qu'il est urgent de porter remède à cette situation. Il n'y a pas un commissionnaire au Havre qui n'ait à se plaindre de cet état de choses; mais les plaintes restent lettre-morte, parce que chacun craint de se compromettre, parce que l'esprit public n'existe pas, parce que de longues années de silence semblent nous avoir rendus muets, et aussi, et surtout parce que chacun s'imagine que lutter contre les chemins de fer, c'est renouveler la lutte du pot de terre contre le pot de fer.

Eh bien, c'est une erreur. Les débats au Corps législatif ont eu un grand retentissement dans le pays, parce qu'ils étaient l'écho fidèle des sentiments du pays, qui est las de cette féodalité industrielle, plante parasite du gouvernement personnel et qui doit périr avec lui.

Courage donc ! Que chacun monte sur la brèche, et l'édifice ne tardera pas à crouler.

IV.

Encore les Tarifs.

Le temps est mal choisi, quand tous les cerveaux sont tendus à la politique, de parler d'affaires. Cependant, nous voulons, à titre de constraste, opposer aux idéologues du radicalisme un échantillon des problèmes économiques pour lesquels certains démocrates professent un dédain tant soit peu suspect. Le lecteur jugera de quel côté se trouve l'intérêt national, et s'il n'y a pas trahison à taire des faits de premier ordre quand on prodigue tant d'encre pour des balivernes.

Nous citions précédemment des tarifs étranges pour le transport des cotons du Havre en Alsace et dans les Vosges; nous trouvons aujourd'hui dans l'*Industriel alsacien*, sous la signature

N. Claude, les détails les plus précis. Ils intéressent au plus haut point le port du Havre, d'autant qu'il est pris comme point de départ et de comparaison. Nous citons :

« Il entre dans ma pratique journalière, dit M. Claude, de faire venir à la gare de Remiremont des cotons achetés soit au Havre soit à Londres.

» Du Havre à Remiremont, par tous chemins de fer français, je paie par 1,000 kilogrammes 64 fr. 85.

» De Liverpool à Remiremont, en faisant venir mes cotons de l'Inde par steamer, viâ Anvers, et par tout chemin de fer (Anvers-Bruxelles-Luxembourg-Thionville), je paie par 1,000 kilogrammes 54 fr. 30.

» De Londres à Remiremont, par la même voie, les mêmes marchandises paient 43 fr.

» Ainsi, les cotons transportés du Havre à Remiremont, par les Compagnies françaises de l'Ouest et de l'Est, paient par tonne 10 fr. 55 plus cher que les cotons transportés de Liverpool, viâ Anvers, à la même gare, et 21 fr. 85 plus cher que les cotons partis de Londres, viâ Anvers,

» Les manufacturiers de nos départements de l'Est n'ont donc pas seulement intérêt à priver du transit de leurs cotons les lignes françaises, mais ils ont un avantage marqué à acheter leurs cotons en Angleterre. En d'autres termes, il n'y a pas seulement ici tout un transit considérable qui échappe fatalement au port du Havre et aux lignes françaises, mais on peut dire encore que l'annihilation du Havre, en tant que marché cotonnier, est virtuellement impliquée dans la continuation d'un pareil état de choses. Que l'on ajoute au chiffre de 64 fr. 85 c. le coût du transport de Liverpool jusqu'au Havre et de Londres jusqu'à Boulogne, et l'on aura une idée exacte de l'infériorité à laquelle se sont condamnées les Compagnies françaises dans les deux cas analysés.

« Ce n'est rien encore, et les faits vont devenir plus graves, plus criants.

« Il semble, certes, que rien au monde ne puisse arracher aux Compagnies françaises le transport des cotons que j'achète au Havre, point d'attache de la ligne de l'Ouest, pour les conduire à Remiremont, point d'attache de la ligne de l'Est ? Erreur ! J'achète mes cotons au Havre, je les expédie à Remiremont par steamer, viâ Anvers — Bruxelles — Luxembourg — Thionville, comme plus haut, et je paie par 1,000 kilogrammes 57 fr., soit 7 85 de moins qu'en me servant des lignes françaises.

« Et que l'on veuille bien remarquer que, dans le trajet parcouru ici, il y a 202 kilomètres de chemin de fer français (de la frontière française jusqu'à Remiremont).

« Mais le délai de route ? — Il est le même : dix jours pour les Compagnies françaises, 8 à 12 jours (moyenne : 10) pour les entrepreneurs de transport qui leur font concurrence en se servant judicieusement des voies étrangères.

« Si nous changeons le point d'arrivée et que nous le prenions à Mulhouse, par exemple, nous obtiendrons le tableau suivant :

		Cotons les 1,000 kil.
« Du Havre à Mulhouse, directement.........	Fr.	68 35
Du Havre à Bâle, directement.............	»	65 10
— Mulhouse, viâ Anvers..........	»	54 80 !!
« De Liverpool à Mulhouse, viâ Havre.......	»	91 10
— — viâ Anvers......	»	62 65
« De Londres à Mulhouse, viâ Boulogne......	»	72 50
« De Londres à Mulhouse, viâ Anvers........	»	50 10 !!!

« N. B. — Les marchés de Brême et de Hambourg n'ont pas manqué de susciter à celui du Havre une concurrence que celui-ci ne peut soutenir. De Brême à Mulhouse, avec une distance de 6 à 100,0 plus longue que celle du Havre à la même ville, on paie les 1,000 kilog. 49 fr.

« De Hambourg à Mulhouse, distance plus longue de 20 à 25 0/0, on paie 54 fr., soit, malgré l'augmentation du parcours kilométrique, un prix de transport plus bas de 26 0,0.

« La Chambre de commerce du Havre ne pouvait pas manquer de s'émouvoir au sujet de la situation qu'ont faite à ce port les tarifs différentiels. La réponse que vient de lui faire M. le ministre ne laisse malheureusement plus d'espoir. Il faut lire cette réponse pour voir comment, sous le prétexte de faire disparaître les anomalies de ses tarifs internationaux, et afin de ne pas affecter son trafic intérieur, la Compagnie de l'Est a aggravé une situation déjà si compromise.

« Assurément, quand nous voyons que les marchandises étrangères en transit sur nos lignes ferrées sont taxées à 30 et 40 0/0 au-dessous de nos propres marchandises françaises de même nature, nous avons lieu de nous plaindre d'une faveur qui aboutit au système de la *protection à rebours*, c'est-à-dire à la protection de l'industrie étrangère par la France. Mais il faut, pour sortir de là, trouver un autre moyen que celui qui consiste à *relever les taxes applicables aux gares étrangères*. Or, cet autre moyen ne saurait être cherché ailleurs que dans l'abaissement de nos tarifs intérieurs. »

Nos lecteurs connaissaient déjà une partie de ces faits et cent autres analogues dont fourmillent les journaux des grandes places de commerce et de fabrication. Comment se fait-il que jusqu'ici la presse politique n'ait jamais seulement effleuré ces questions ?

Certes, nous sommes de ceux qui considèrent comme indissolublement unis et solidaires les deux problèmes économique et politique. Le traité de commerce et les tarifications des chemins de fer sont la conséquence naturelle de l'absolutisme impérial; des virements de comptes du budget aux coups d'Etat des grandes Compagnies contre l'industrie française, il n'y a pas de différence quant aux principes. Nous regretterions qu'un journal économique s'abstint en matière de politique pure. Mais il faudrait qu'il y eût réciprocité de la part des politiciens. Le jour n'est pas éloigné d'ailleurs où la presse, sous le coup de la clameur générale, se verra obligée de suivre l'opinion, que son devoir était de prévenir et d'éclairer.

En attendant, les politiques n'ont fait allusion aux problèmes économiques que pour crier aux partageux et aux liquidateurs sociaux. Tous les organes vendus au saint-simonisme, — et il en est qui se disent républicains, — épaississent la nuit tant qu'ils peuvent sur l'accaparement de notre outillage national et sur les conditions auxquelles le monopole nous permet de nous en servir.

L'article de l'*Industriel Alsacien* rappelle encore les faits suivants, trop peu connus ou trop oubliés.

« Les Compagnies des chemins de fer français sont entées sur le monopole. C'était déjà beaucoup, c'était du moins suffisant pour prospérer. Elles ont donné des revenus qui sont allés de 8 jusqu'à 25 0/0. En 1866, les six grandes Compagnies ont distribué à leurs actionnaires la somme de 159,510,810 francs, répartis comme suit :

L'Est......................	F. 19,160,810
L'Ouest....................	» 11,250,000
Le Midi....................	» 10,000,000
Le Lyon....................	· 48,000,000
Le Nord....................	» 37,560,000
L'Orléans..................	» 33,600,000
Exercice de l'an 1865........	F. 159,510,810

» Comme les actionnaires n'ont versé que 1 milliard 500 millions environ, ils n'auraient touché que 75 millions, si leur argent avait été placé à 5 0/0. C'est donc une somme de 85 millions que le commerce et l'industrie n'auraient pas payés sur le prix de leurs transports. En d'autres termes, c'eût été un dégrèvement de tarif de 57 0/0, un dégrèvement *de plus de moitié !!!*

» Mais le gaspillage et le tripotage ont rendu le monopole insuffisant. Alors l'Etat a fait pleuvoir sur les Compagnies une rosée de faveurs telles que prorogations de baux, fusions, modifications aux cahiers des charges, toujours onéreuses au public, garanties d'intérêts, garanties de dividendes, subventions nouvelles, et enfin, ce qui est plus triste et plus nuisible aux intérêts de la France, immolation de la batellerie et de notre navigation intérieure.

» Il est à remarquer qu'en 1866, cette même année où les six grandes Compagnies ont distribué 160 millions à leurs actionnaires, le Corps législatif leur a voté une subvention de 31 millions pour garantir les intérêts des obligations. Aussi a-t-on fait remarquer avec beaucoup de justesse que les producteurs français ne sont pas seulement *tarifés à merci*, mais qu'ils paient encore des suppléments aux recettes, ces suppléments étant prélevés sur l'impôt. »

Nous avons voulu opposer aux ardentes préoccupations de la presse parisienne sur les inassermentés, ces plaies qui rongent notre industrie et notre commerce depuis vingt ans, et que les journaux locaux sont seuls à dévoiler, afin que le lecteur comprenne que la politique n'est pas tout.

Un autre enseignement que nous nous contenterons d'indiquer aujourd'hui : les intrigants, les agioteurs, les pêcheurs en eau trouble ont la prétention de parquer les producteurs français en fabricants protectionnistes et en consommateurs libres-échangistes; ils cherchent à réveiller des compétitions d'un autre âge, à ameuter le Midi contre le Nord, et *vice versâ*.

Le problème s'est complétement déplacé depuis une vingtaine d'années; les vieilles écoles du *free trade* et de la prohibition n'ont rien à nous apprendre sur la question comme elle est posée aujourd'hui. Le Havre, libre-échangiste au dire des meneurs, est plus profondément atteint par les agissements dévoilés dans l'*Industriel alsacien* qu'aucun autre centre manufacturier protectionniste. Gardons-nous de toute méprise à ce sujet, et n'oublions pas que les élections politiques sont insuffisantes à dénouer la situation: il y va de la prospérité d'abord, de l'existence plus tard de certaines positions géographiques.

Sarre. — Imp. F SARVALLIER.

www.ingramcontent.com/pod-product-compliance
Lightning Source LLC
Chambersburg PA
CBHW071511200326
41519CB00019B/5907